# An was wir glauben: Weltreligionen entdecken

## Die fünf großen Religionen und ihre Rolle im Leben von Jugendlichen

Jennifer Christiansen

AOL verlag

Hinweis: Der besseren Lesbarkeit halber sprechen wir meist nur von Lehrern, Schülern usw. Natürlich meinen wir damit auch die Lehrerinnen, Schülerinnen usw.

## Impressum

**An was wir glauben: Weltreligionen**

**Jennifer Christiansen** hat Erziehungswissenschaften, Medienpädagogik und Informatik studiert. Geboren und aufgewachsen auf Sylt, lebt sie mittlerweile in Kiel. Sie arbeitet freiberuflich als Redakteurin, Lektorin und Autorin und verfasst Unterrichtsbeiträge.

1. Auflage 2015


Veritaskai 3 · 21079 Hamburg
Fon (040) 32 50 83-060 · Fax (040) 32 50 83-050
info@aol-verlag.de · www.aol-verlag.de

Redaktion: Daniel Marquardt
Lektorat: Karla Seedorf, Bamberg
Layout/Satz: Graph & Glyphe
Illustrationen: Sven Lehmkuhl, Münster
Coverfoto: © xavier gallego morel – Fotolia.com

ISBN: 978-3-403-10323-3
Printed in Germany

# Liebe Lehrerinnen und Lehrer,

in einem EU-Mitgliedsland und in Zeiten der Globalisierung ist die aktive Gestaltung eines gemeinsamen Miteinanders notwendig und zielführend. Ein solches Zusammenleben kann nur in einer Atmosphäre von Reflexion, Toleranz, Respekt und Gerechtigkeit gelingen. Jeder muss mitmachen und sich auch ein wenig für den anderen interessieren, denn Toleranz setzt ein gewisses Maß an Wissen und eine eigene Meinung voraus. Die religiöse Überzeugung ist hierbei ein wichtiges Thema, stellt sie für den Menschen doch oft einen sehr bedeutsamen Teil der Persönlichkeit dar.

In diesem Heft finden Sie eine Fülle an Informationsmaterialien, Aufgaben und Spielen zum Thema Weltreligionen. Es kann gezielt eingesetzt oder den Schülern zum selbst Durchstöbern überlassen werden. Die Kopiervorlagen für die Infotexte und die Aufgaben liegen in einer Form vor, die auch die Gestaltung von Lerntheken oder Stationenlernen im Handumdrehen ermöglicht.

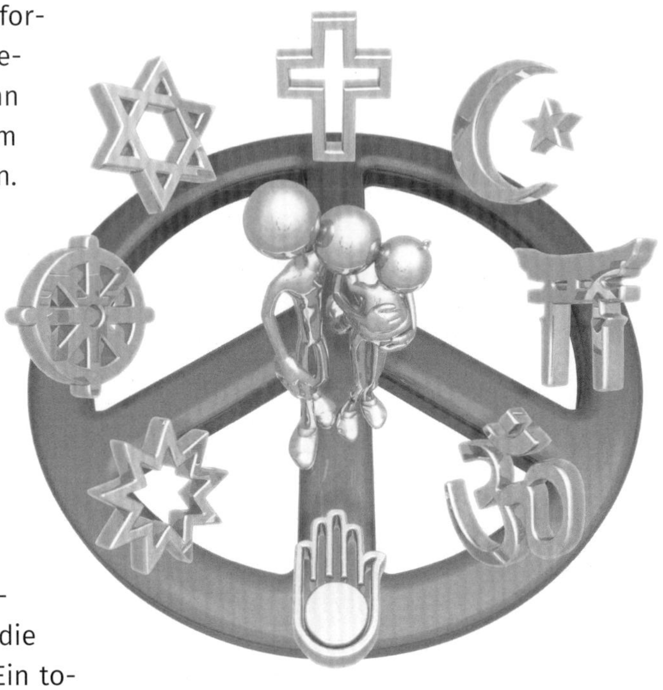

Nach einer Einführung und Motivation der Schülerinnen und Schüler geht es los: Durch das Kennenlernen der anderen Religionen und das gleichzeitige Entdecken vieler Gemeinsamkeiten zwischen ihnen schwindet die Distanziertheit vor dem Unbekannten. Ein tolerantes, weltoffenes Verhalten wird so gefördert.

Neben den Arbeitsmaterialien enthält das Heft Lösungen zu allen Aufgaben. Die Arbeitsblätter umfassen eine breite Vielfalt an Methoden, Arbeitstechniken und Sozialformen. Sie reichen vom Lückentext über Schreibaufgaben, kreative Impulse und Gruppenarbeit bis hin zur eigenständigen Recherche und Diskussionsführungen.

Ich wünsche Ihnen einen interessanten Unterricht und motivierte Schülerinnen und Schüler.

Jennifer Christiansen

## Religionsfreiheit

In Deutschland leben Menschen mit vielen unterschiedlichen kulturellen, sozialen und religiösen Hintergründen. Diese Vielfalt bringt uns viele Vorteile und Chancen. Damit wir sie nutzen können, ist es wichtig, dass alle dabei mithelfen, ein gelungenes Zusammenleben zu gestalten. Und wie kann das aussehen? Du kennst es sicher schon aus deiner Klasse: Ganz ohne Regeln funktioniert das Leben in einer Gemeinschaft nicht. Darum gibt es Gesetze, an die sich jeder halten muss. In Europa zum Beispiel gilt das Gesetz der Religionsfreiheit, wie sie die UNO in der Allgemeinen Erklärung der Menschenrechte in Artikel 18 formuliert hat:

1) *Jeder Mensch hat Anspruch auf Gedanken-, Gewissens- und Religionsfreiheit; dieses Recht umfasst die Freiheit, seine Religion oder seine Überzeugung zu wechseln, sowie die Freiheit, seine Religion oder seine Überzeugung allein oder in Gemeinschaft mit anderen, in der Öffentlichkeit oder privat, durch Lehre, Ausübung, Gottesdienst und Vollziehung von Riten zu bekunden.*
2) *Niemand darf einem Zwang ausgesetzt werden, der seine Freiheit, eine Religion oder eine Weltanschauung seiner Wahl zu haben oder anzunehmen, beeinträchtigen würde.*
3) *Die Freiheit, seine Religion oder Weltanschauung zu bekunden, darf nur den gesetzlich vorgesehenen Einschränkungen unterworfen werden, die zum Schutz der öffentlichen Sicherheit, Ordnung, Gesundheit, Sittlichkeit oder der Grundrechte und -freiheiten anderer erforderlich sind.*

Jeder darf also seine Religion frei wählen, ausüben und sie jederzeit wechseln. Nur wenn andernfalls Sicherheit, Frieden, Gesundheit oder der Schutz der Rechte anderer gefährdet sind, darf die persönliche Freiheit eingeschränkt werden. Das klingt fair, oder? Doch man muss aufpassen, um dieses Gesetz nicht zu missachten – hier kann es schnell zu Ungerechtigkeiten kommen. Ein Beispiel: In einigen europäischen Ländern ist das Tragen des im muslimischen Glauben bedeutsamen Kopftuchs verboten. In Frankreich dürfen Schülerinnen kein Kopftuch tragen. In Teilen Europas, Hollands, Spaniens und Belgiens gilt dieses Verbot auch für Lehrer. Passt das zu unserem Gesetz der Religionsfreiheit? Wohl kaum, denn immerhin dürfen Nonnen und Priester trotzdem in voller Ordenstracht lehren. Der Fall ist klar: Die Religionsfreiheit, welche die Mehrheit der Bevölkerung für sich selbst in Anspruch nimmt, gilt hier nicht für andere Religionen. Das geht natürlich nicht. Was für die Anhänger einer Religion gilt, das muss auch für alle anderen gelten. Eine weitere Form der religiösen Diskriminierung ist es, wenn bestimmte Freiheiten für die Anhänger einer Religion plötzlich beschnitten werden, obwohl sie doch sonst für alle alltäglichen Dinge gelten. Zum Beispiel kann man in der Schule alles Mögliche auf dem Kopf tragen (zumindest nach dem Gesetz). Kapuzen, Haarreifen, Dreadlocks sind in Ordnung – aber ein Kopftuch nicht? Außerdem steht es doch zum Beispiel jedem Menschen frei, sich selbst durch sein Aussehen auszudrücken. Dann sollte dasselbe auch für die religiöse Zugehörigkeit gelten, oder?

**1 Hast du schon mal einen Fall von religiöser Diskriminierung miterlebt oder fällt dir einer ein? Welche Gefühle hattest du dabei? Meinst du, die Diskriminierung war beabsichtigt, oder ist sie eher unbewusst passiert? Hätte man sie verhindern können, und wenn ja, wie?**

Schreibe zunächst in Ruhe alles auf, was dir dazu einfällt. Suche dir dann einen Partner. Diskutiert eure Ergebnisse.

**2 Verfasst gemeinsam ein Gesetz zur Religionsfreiheit in eurer Schule und gestaltet dazu ein Plakat.**

## Unterschiede respektieren

Aufgrund von unterschiedlichen religiösen Anschauungen gibt es manchmal Streit zwischen Anhängern verschiedener Religionen. Die Lebensgewohnheiten anderer Glaubensgemeinschaften können einem fremd sein, und manche Menschen machen sich dann aus Unsicherheit darüber lustig. Dann kann es natürlich schnell zu Auseinandersetzungen kommen.

Diese Streitereien sind aber völlig sinnlos. Schließlich geht es beim Glauben vor allem darum, jemandem Halt und Sicherheit im Leben zu geben. Darum verdienen alle Religionen denselben Respekt. Viele Menschen gehören auch überhaupt keiner Religion an, diese Überzeugung verdient natürlich genauso viel Respekt. Was man glaubt, kann jeder selbst entscheiden.

**3 Findet euch zu zweit zusammen und überlegt:**

Habt ihr schon einmal erlebt, dass jemand aufgrund seiner Religion in einen Konflikt geraten ist? Was meint ihr: Warum ist das überhaupt passiert? Stellt eure Gedanken dann der Klasse vor.

## Wissen, um zu verstehen

Kennst du das Gefühl, wenn dir selbst etwas sehr wichtig ist, aber jemand anderes darauf überhaupt keine Rücksicht nimmt? Besonders schnell kann so etwas bei religiös-weltanschaulichen Dingen passieren. Immerhin geht es hierbei ja darum, was jemand wirklich glaubt. Der Glaube ist etwas sehr Persönliches – und jeder sollte hier ein wenig Rücksicht auf andere Meinungen und Wertvorstellungen nehmen.

Ein Beispiel: Vor einiger Zeit sagte ein Politiker im Fernsehen, dass die Religionen Christentum und Islam sich dadurch unterscheiden würden, dass man im Christentum „Intoleranz ablehnen, Religionsfreiheit gewähren, die Gleichberechtigung von Mann und Frau vertreten und Zwangsheiraten ganz entschieden nicht billigen" würde. Unterschwellig wurde dem Islam hier also einiges unterstellt, das überhaupt nicht der Wahrheit entspricht: Der Islam lehnt Intoleranz ab, und religiöser Zwang ist laut Koran auch verboten. Und selbst wenn in vielen Staaten, in denen der Islam die vorherrschende Religion ist, tatsächlich keine Gleichberechtigung zwischen Mann und Frau besteht, hat das nichts mit den Grundüberzeugungen des Islam zu tun.

Der Politiker hatte offenbar keine Ahnung vom Islam – aber trotzdem äußerte er sich in aller Öffentlichkeit darüber. Solche Situationen kann man vermeiden, indem man sich vorher gründlich über das Thema informiert.

Um miteinander auszukommen, einander zu verstehen und zu akzeptieren, muss man auch wissen, wer der andere ist. Dazu gehört auch, die Besonderheiten seines Glaubens zu kennen.

**4 Tausche dich mit deinem Partner aus:**

Findet ihr es wichtig, über die Religionen, die es gibt, Bescheid zu wissen? Wenn ja, warum findet ihr das wichtig?

# Die zehn Freunde

**Ben**

**Dina**

**Anna**

**Phillip**

**Tarik**

**Yeliz**

**Maya**

**Sam**

**Amar**

**Suri**

*Liebe Schülerinnen und Schüler,*

*viele Grüße senden euch die zehn Freunde! Wir sind Schüler und zwischen 12 und 16 Jahre alt. Jeweils zwei von uns gehören einer der fünf größten Religionen an: Judentum, Christentum, Islam, Buddhismus und Hinduismus. Wenn ihr euch mit den einzelnen Religionen befasst, werden wir euch von unseren persönlichen Erfahrungen berichten. Wir freuen uns schon darauf.*

*Ihr habt bereits Fragen zu den Religionen? Dann könnt ihr sie nun stellen. Wir hoffen, dass wir sie alle beantworten können.*

*Viel Spaß und bis bald!*

*Eure zehn Freunde*

*Ben, Dina, Anna, Phillip, Tarik, Yeliz, Maya, Sam, Amar und Suri*

**5 Notiere zu jeder der fünf Weltreligionen mindestens zwei Fragen.**

Beantworte die Fragen, nachdem du dich ausführlich über die jeweilige Religion informiert hast.

# Abraham in den Weltreligionen

Wer sich mit den Weltreligionen beschäftigt, dem wird etwas Interessantes auffallen: Die Anhänger des Judentums, des Christentums und des Islam glauben alle daran, dass ein Mann namens Abraham der Begründer des monotheistischen Glaubens ist. Monotheismus bedeutet, dass man nur an einen einzigen Gott glaubt. Abrahams Geschichte steht in der Thora, im Alten Testament und im Koran. Jede Heilige Schrift hat eine andere Sicht auf Abraham, aber alle denken, dass wir ihm den Glauben an einen Gott verdanken. Außerdem sind die Anhänger aller drei Religionen der Meinung, dass ihre Gläubigen von Abraham abstammen. In dieser Hinsicht sind Juden, Christen und Muslime also sogar verwandt. Ein Unterschied ist nur, dass Abraham im Islam Ibrahim heißt. Aufgrund des gemeinsamen Stammvaters werden diese drei Weltreligionen auch Abrahamitische Religionen genannt.

*Fresco von Abraham in der Altlerchenfelder Pfarrkirche in Wien*

**Ihre Anhänger glauben Folgendes:**

Vor etwa 4.000 Jahren lebte im heutigen Irak ein Hirte namens Abraham. Er war genau wie alle anderen Menschen zu dieser Zeit im polytheistischen Glauben aufgewachsen, glaubte also an viele Götter. Trotzdem beschloss er eines Tages, nur noch einen einzigen Gott anzubeten: Jahwe.

Jahwe hatte sich Abraham nämlich offenbart und einen Pakt mit ihm geschlossen: Abraham und seine Nachkommen sollten Jahwe treu ergeben sein. Im Gegenzug versprach Jahwe Abraham so viele Nachkommen, dass seine Familie zu einem ganzen Volk würde.

Abraham willigte ein, und nachdem er viele Prüfungen und Abenteuer bestanden hatte, bekam er im Alter von 100 Jahren seinen ersten Sohn Isaak. Jahwe stellte Abraham also ziemlich lang auf die Probe, aber am Ende hielt er sich an die Abmachung. Isaak und seine Nachkommen werden als die Stammväter Israels angesehen.

# Der Stammvater Abraham

Vor rund 4.000 Jahren lebte in der Region des heutigen .................................... ein Hirte namens Abraham. Seine Lebensgeschichte kommt in der Heiligen Schrift des Judentums, des ....................................................................... und des Islam vor. Diese drei Religionen haben zwar eine unterschiedliche Sichtweise auf Abraham, aber da er in allen dreien erwähnt wird, nennt man diese drei Religionen auch .................................................................. Religionen. Alle drei behaupten, dass ihre Gläubigen von Abraham .................................................. .

In dieser Hinsicht sind ......................................, Christen und Muslime also sogar verwandt. Außerdem glaubt man in allen drei Religionen daran, dass Abraham den Glauben an nur einen ..................................... begründet hat.

Den Glauben an einen Gott nennt man ...............................................................................

Abraham gehorchte dem Gott ......................................, der sich ihm der Geschichte nach offenbart hatte. Die beiden schlossen einen Bund: Abraham und seine Familie sollten Jahwe treu sein und ihm gehorchen. Dafür würde er Abraham viele ................................................. schenken. Als Abraham 100 Jahre alt war, bekamen er und seine Frau Sara ihren ersten Sohn, den sie .............................................. nannten. Er und seine Nachkommen werden als die Stammväter des Staates .............................................. angesehen. Im Islam heißt Abraham ................................................................... .

**1 Setze die folgenden Wörter richtig in den Lückentext ein:**

Christentums – Isaak – Juden – abrahamitische – Nachkommen – Israel – Gott
Ibrahim – Irak – Jahwe – abstammen

# Das Judentum

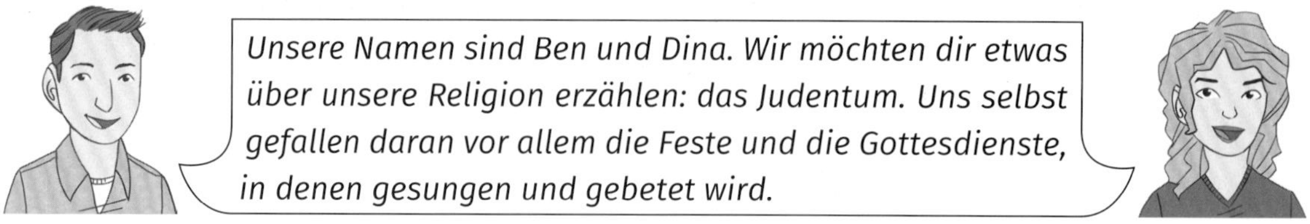


Das Judentum ist die älteste monotheistische Religion. Sie verbreitete sich vor beinahe 4.000 Jahren zuerst im heutigen Israel. Später entwickelten sich aus dem Judentum dann das Christentum und der Islam. Diese drei Religionen haben etwas gemeinsam: Alle drei berufen sich auf Abraham als Ursprung des Glaubens an nur einen Gott und heißen deswegen abrahamitische Religionen.

Heute ist das Judentum eine der großen Weltreligionen. Trotzdem gibt es auf der ganzen Welt nur ungefähr 15 Millionen Anhänger. Im Vergleich mit den anderen Weltreligionen ist das nicht sehr viel. Ein Grund dafür ist, dass Juden nicht missionieren – sie werben also keine neuen Anhänger für ihre Religion. Wer von einer jüdischen Mutter geboren wurde, der ist automatisch Jude bzw. Jüdin. Die Religion des Vaters ist dann egal. Man kann aber auch zum jüdischen Glauben konvertieren.

## Die Heilige Schrift des Judentums

Die gesamte jüdische Bibel wird Tanach genannt. Er besteht aus drei Teilen: Nevi'im (das sind die Bücher der einzelnen Propheten), Ketubim (poetische biblische Texte) und die Thora. Die Thora ist die wichtigste Heilige Schrift und besteht aus den fünf Büchern Mose, die auch im Alten Testament der christlichen Bibel zu finden sind. Alle fünf Bücher Mose sind in Hebräisch von Hand auf die Thorarollen geschrieben. In jüdischen Gottesdiensten wird aus ihnen vorgelesen. Danach werden die Rollen im Thoraschrein in der Synagoge aufbewahrt. Ein wichtiges Gebot der Thora ist das der Nächstenliebe. In der Thora steht:

*„An den Kindern deines Volkes sollst du dich nicht rächen und ihnen nichts nachtragen. Du sollst deinen Nächsten lieben wie dich selbst.“ (Lev 19,18, Einheitsübersetzung)*

## Das Gotteshaus des Judentums: Die Synagoge

Das Gotteshaus der Juden ist die Synagoge. Synagogen können sehr unterschiedlich aussehen – manche haben sogar die Form eines Sterns. Hier trifft man sich zu wichtigen Anlässen, Gottesdiensten und zum Beten. Synagogen sind immer nach Jerusalem ausgerichtet – in Europa ist das in Richtung West/Ost. So steht der Thoraschrein immer in Richtung des Jerusalemer Tempelberges. In der Mitte einer Synagoge steht die Bima, ein Pult, von dem aus die Thora verlesen und Gebete gesprochen werden.

Im Judentum gibt es kein geistliches Oberhaupt, wie es zum Beispiel der Papst für die katholische Kirche ist. Dafür gibt es die Rabbiner – das heißt auf Deutsch „Meister“ oder „Lehrer“. In einer jüdischen Gemeinde ist der Rabbiner ein Lehrer und Prediger. Er kennt sich so gut in der jüdischen Religion aus, dass er der Gemeinde auch beratend zur Seite steht. Zum Beispiel wird er oft bei Streitfragen hinzugezogen. Früher war diese Aufgabe meist nur Männern vorbehalten, aber heute gibt es natürlich auch viele Rabbinerinnen. Neben den Rabbinern arbeiten in einer Synagoge noch die Kantoren oder Kantorinnen. Sie sind die Vorsänger und Chorleiter.

## Das Judentum – Gegenstände und Symbole

Hier siehst du zwei der wichtigsten Gegenstände des Judentums: Links liegt eine kleine Kippa. Das ist eine Kopfbedeckung, die meist beim Beten getragen wird, aber auch einfach so. Es gibt viele unterschiedliche Kippot. Manche sind ganz klein, und andere bedecken den ganzen Kopf. Neben der Kippa steht eine Menora. Das ist ein siebenarmiger Leuchter, der auch im israelischen Staatswappen zu sehen ist. Die Zahl Sieben steht für die Weisheit Gottes. Übrigens: Man könnte die Menora leicht mit der acht- oder neunarmigen Chanukkia verwechseln, aber diese wird nur zum Chanukkafest angezündet – einem acht Tage dauernden jüdischen Fest am Ende des Jahres.

Der Davidstern ist das Symbol des jüdischen Volkes und des Judentums. Er ist auf der Flagge Israels abgebildet. Außerdem sieht man ihn oft in Synagogen oder als Schmuckstück. Den Namen hat der Stern vom jüdischen König David.

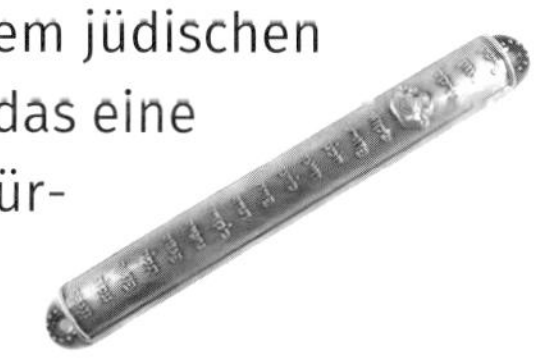

Hier siehst du etwas, das man in den verschiedensten Ausführungen an jedem jüdischen Türrahmen finden kann: die Mesusa. Dabei handelt es sich um ein Kästchen, das eine winzige Pergamentrolle mit Texten der Thora enthält. Die Mesusa wird am Türrahmen des Hauses angebracht, damit die Bewohner immer an die Gebote Gottes erinnert werden.

*Es ist Freitagabend. Der Schabbattisch ist vorbereitet: Kerzen, Wein, und unter dem Tuch liegt das Schabbatbrot.*

Für die Schabbatfeier (siehe nächster Absatz) gibt es mehrere wichtige Gegenstände. Dazu gehören zum Beispiel eine besondere Kerze, ein Weinkelch und eine duftende Gewürzdose. Außerdem wird an diesem Tag besonderes Geschirr benutzt, und es gibt ein süß schmeckendes Schabbatbrot.

## Der jüdische Glaube im Alltag

Juden leben nach den Gesetzen der Thora. Sie müssen oft daraus lesen und beten. Neben religiösen Geboten beinhaltet die Thora aber auch Regeln für das alltägliche Leben. Eine dieser Regeln lautet, dass am Schabbat (oder auch Sabbat) nicht gearbeitet werden darf.

*Sehr fromme Juden beten dreimal am Tag. Bei mir zu Hause ist es etwas lockerer. Wir beten im Gottesdienst und am Freitagabend, wenn die Kerzen am Schabbat angezündet werden. Mir gefällt besonders das Gefühl von Gemeinschaft, das dabei entsteht.*

Da es heißt, dass Gott am siebten Tag der Schöpfung ruhte, machen es die Juden genauso. Der Schabbat ist also der jüdische Wochenfeiertag. Er beginnt am Freitagabend und endet Samstag bei Sonnenuntergang. Am Schabbat verbringen die Familienmitglieder Zeit miteinander. Sie gehen dann in den Gottesdienst, essen gemeinsam Schabbatbrot, trinken Wein und feiern. Am Ende wird der Schabbat verabschiedet, und alle wünschen sich eine schöne Woche.

Die Thora beinhaltet auch Speisegesetze: Auf den Teller kommen nur Speisen, die „koscher" sind – das bedeutet „unbedenklich" bzw. dass sie den jüdischen Speisegesetzen gemäß sind. Zu den nicht-koscheren Speisen gehören beispielsweise Blut oder Schweinefleisch. Auch für die Zubereitung gibt es Regeln. Zum Beispiel ist es verboten, Milch und Fleisch gemeinsam zu kochen. Damit Juden mit den Vorschriften nicht durcheinanderkommen, kaufen sie oft in Geschäften ein, deren Besitzer sich mit den Regeln auskennen. So können sie nichts falsch machen.

## Jüdische Feste

Im Judentum gibt es viele Festtage. Eines davon ist das jüdische Neujahrsfest Rosch ha-Schana. Es beginnt damit, dass in der Synagoge in ein Widderhorn (in das sogenannte Schofar) geblasen wird. So sollen die Besucher wachgerüttelt werden, damit sie noch einmal über ihre Taten im vergangenen Jahr nachdenken. Denn nun beginnen die Zehn Tage der Reue und Umkehr, die mit dem Versöhnungsfest Jom Kippur enden. Später gibt es dann zu Hause Äpfel mit Honig – sie stehen für ein süßes neues Jahr. Auch Granatäpfel sind an diesem Tag beliebt. Ihre Kerne sollen die Verdienste im neuen Jahr symbolisieren.

*Mit meiner Familie gehe ich jeden Freitagabend oder Samstagmorgen in die Synagoge, und natürlich auch zu festlichen Anlässen. Dort herrscht dann eine feierliche Stimmung, und alle treffen mal wieder zusammen.*

Der größte jüdische Feiertag ist Jom Kippur, das Versöhnungsfest. Auch an diesem Tag wird das Schofarhorn geblasen, zur Erinnerung daran, dass Gott das Volk Israel durch ein symbolisches Ritual von Schuld und Sühne befreit hat: Ein „Sündenbock", der alle Schuld auf sich geladen hatte, wurde dazu in der Wüste ausgesetzt. An Jom Kippur wird nichts gegessen und getrunken, und die Juden verbringen den Tag in der Synagoge, um Gott um Vergebung ihrer Sünden zu bitten.

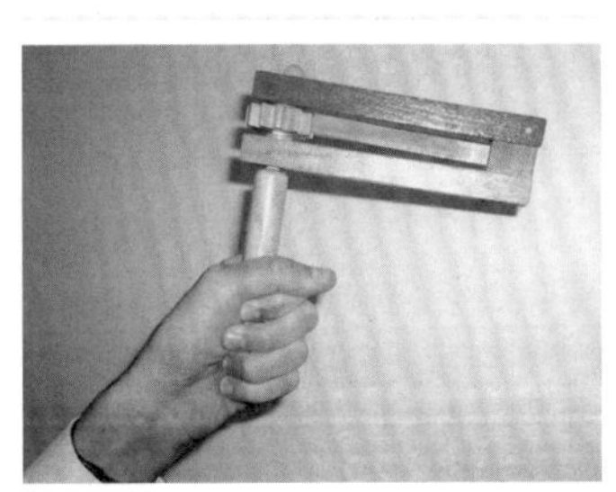

Das Losfest Purim erinnert an die Geschichte der Jüdin Esther. Haman, der höchste Regierungsbeamte des persischen Königs, wollte alle Juden im Perserreich ermorden. Der Tag dafür wurde durch das Los bestimmt. Königin Ester führt jedoch durch Fasten und Gebet die Rettung herbei. An Purim verkleiden sich die Kinder, und wenn in der Synagoge von Haman gesprochen wird, machen sie mit besonderen Rasseln, den sogenannten Ratschen, einen Riesenlärm.

Am acht Tage andauernden Pessachfest denken Juden an den Auszug Israels aus Ägypten und die Rettung durch Gott. Das ganze Fest über gibt es ausschließlich Matze (eine Art ungesäuertes Knäckebrot) zu essen, das an die entbehrungsreiche Zeit erinnern soll. Sieben Wochen nach Pessach wird das Wochenfest Schawuot gefeiert. Es findet in Gedenken an die Zehn Gebote statt, die Mose der Erzählung nach auf dem Berg Sinai von Gott erhalten hat. Diese werden zu diesem Anlass beim Gottesdienst in der feierlich geschmückten Synagoge vorgelesen.

In der Thora findet sich übrigens sogar eine Bauanleitung für eine Laubhütte. Das Volk Israel lebte nämlich während seiner Wüstenwanderung in Laubhütten. Um das nicht zu vergessen, feiern Juden das sieben Tage lang dauernde Laubhüttenfest Sukkot („Sukka“ bedeutet „Hütte“). Dazu werden im Garten, auf der Terrasse oder auf dem Balkon aus Zweigen und Stoffen Laubhütten gebaut. Dann wird darin gefeiert, gegessen und aus der Thora gelesen. An warmen Tagen wird darin auch übernachtet.

Am 22. Dezember beginnt für die Juden das acht Tage andauernde Lichterfest Chanukka. Dieses jüdische Fest gibt es zum Gedenken an die Wiedereinweihung des zweiten Tempels in Jerusalem im Jahr 164 v.Chr. Nach der Überlieferung gab es nach einem Krieg einmal kein geweihtes Öl mehr, um die Lampen zu entzünden. Da geschah ein Wunder: Das wenige Öl genügte ganze acht Tage lang, bis es wieder neues gab. Zur Chanukka-Zeit stellen die Juden auf der ganzen Welt ihre Chanukkaleuchter in die Fenster. Jeden Tag wird eine Kerze mehr angezündet. Abends trifft man sich, um gemeinsam zu feiern. Die Kinder bekommen Geschenke, und es gibt viele Süßigkeiten.

## Die großen jüdischen Feste im Leben

Eine der ältesten Traditionen des Judentums ist die Brit Mila, die Beschneidung der Jungen am achten Tag nach der Geburt. Dabei wird von einem Arzt oder Beschneider ein Stück der Vorhaut entfernt. Dann wird der Name des Jungen bekannt gegeben und es gibt ein großes Fest. Bei Mädchen ist durch die Geburt festgelegt, dass sie jüdisch sind. Darum wird ihr Name meist am ersten Schabbat nach ihrer Geburt bekannt gegeben und dann wird gefeiert.

Mädchen werden mit zwölf Jahren Bat Mitzwa („Tochter der Pflicht“), Jungen werden mit 13 Jahren Bar Mitzwa („Sohn der Pflicht“) – dann gelten sie in der jüdischen Gemeinschaft als Erwachsene, sind religiös mündig und haben alle religiösen Rechte und Pflichten, die auch die Erwachsenen haben. Jungen lesen dann aus der Thora vor. Dieses Ereignis wird natürlich auch gefeiert.

*Vor der Bat Mitzwa oder der Bar Mitzwa mussten wir im Unterricht ganz schön viel lernen: hebräische Schrift lesen, das Glaubensbekenntnis lernen, die vielen Zeichen und so weiter. Aber danach war ich froh, es geschafft zu haben. Am großen Tag gab es dann viele Geschenke und ein schönes Fest.*

Die Hochzeit eines jüdischen Paares findet meist im Freien statt. Das Paar steht dabei unter einem Stoffdach, der Chuppa. Sie symbolisiert das gemeinsame Haus des zukünftigen Ehepaares. Dann segnet der Rabbiner das Paar, die Ringe werden getauscht, und das Paar ist verheiratet. Beide trinken nun aus einem gesegneten Becher Wein. Zum Schluss zertritt der Bräutigam ein Glas – als Erinnerung an die Zerstörung des Tempels in Jerusalem und an die Zerbrechlichkeit des Glücks.

Im Laufe der Zeit haben sich die Regeln natürlich teilweise geändert und es gibt auch viele Unterschiede zwischen den einzelnen jüdischen Gemeinschaften. Ganz grob kann man aber sagen: Orthodoxe Juden sind strenggläubig und halten an den alten Traditionen fest. Die auch als Reformjuden bezeichneten Glaubensanhänger hingegen sind moderner eingestellt.

# Bat Mitzwa oder Bar Mitzwa?

Schreibe folgende Begriffe in die jeweils richtige Spalte.
Du kannst einen Begriff auch zweimal verwenden.

*jüdische Mädchen* | *12. Geburtstag* | *13. Geburtstag* | *gelten als Erwachsene* | *aus der Thora lesen* | *Tochter der Pflicht* | *alle Pflichten der Erwachsenen* | *Sohn der Pflicht* | *jüdische Jungen* | *es gibt ein Fest* | *religiös mündig*

| **Bat Mitzwa** | **Bar Mitzwa** |
|---|---|
| | |
| | |
| | |
| | |
| | |
| | |
| | |
| | |

# Benenne die Gegenstände

Die folgenden Abbildungen haben etwas mit dem Judentum zu tun. Schreibe in die Leerzeilen, welchen jüdischen Kultgegenstand die Bilder jeweils bezeichnen.

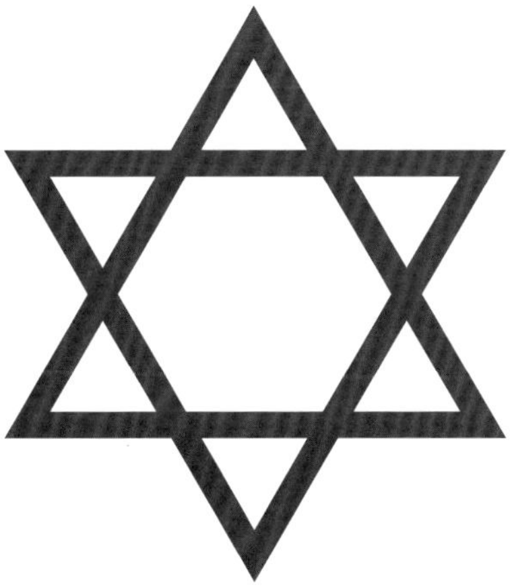

1 ____________________

2 ____________________

3 ____________________

4 ____________________

5 ____________________

6 ____________________

7 ____________________

8 ____________________

# Das Dreidelspiel

Während des Lichterfestes Chanukka spielen jüdische Kinder das Dreidelspiel. Der Dreidel ist ein Kreisel mit vier Seiten. Auf jeder Seite steht ein hebräischer Buchstabe.

Meist wird das Spiel um Süßigkeiten gespielt, die sich in einem Topf befinden. Manchmal werden auch Nüsse oder Münzen verwendet. Der Kreisel wird gedreht und der hebräische Buchstabe, der nach oben zeigt, gibt den Gewinn an:

| | |
|---|---|
| נ | **Nun**<br>Aussetzen – du gewinnst nichts,<br>verlierst aber auch nichts. |
| ג | **Gimel**<br>Du gewinnst den gesamten Topfinhalt. Danach muss jeder Spieler wieder ein Stück in den Topf legen. |
| ה | **He**<br>Du gewinnst den halben Topfinhalt. |
| ש | **Shin**<br>Du musst ein Stück in den Topf legen.<br>Wer keines hat, scheidet aus. |

**1 Recherchiere die Bedeutung der hebräischen Buchstaben, die auf dem Dreidel stehen.**

**2 Erkläre: Worauf beziehen sich die Worte auf dem Dreidel wohl?**

# Dreidel-Bastelanleitung

**Du brauchst:**

Dreidel-Bastelvorlage, Schere, Klebstoff, Stock, Topf mit Süßigkeiten/Nüssen/Münzen

Schneide zuerst die Bastelvorlage aus. Wenn du magst, kannst du sie bunt anmalen. Entlang dem X auf der einen Fläche schneidest du die Fläche kreuzförmig ein – hier kommt später der Stock rein. Achte also darauf, dass dein Kreuzschnitt zur Stockgröße passt. Klebe den Dreidel dann entlang der grauen Randstreifen zusammen. Stecke zuletzt den Stock in das X – und schon kann gedreidelt werden!

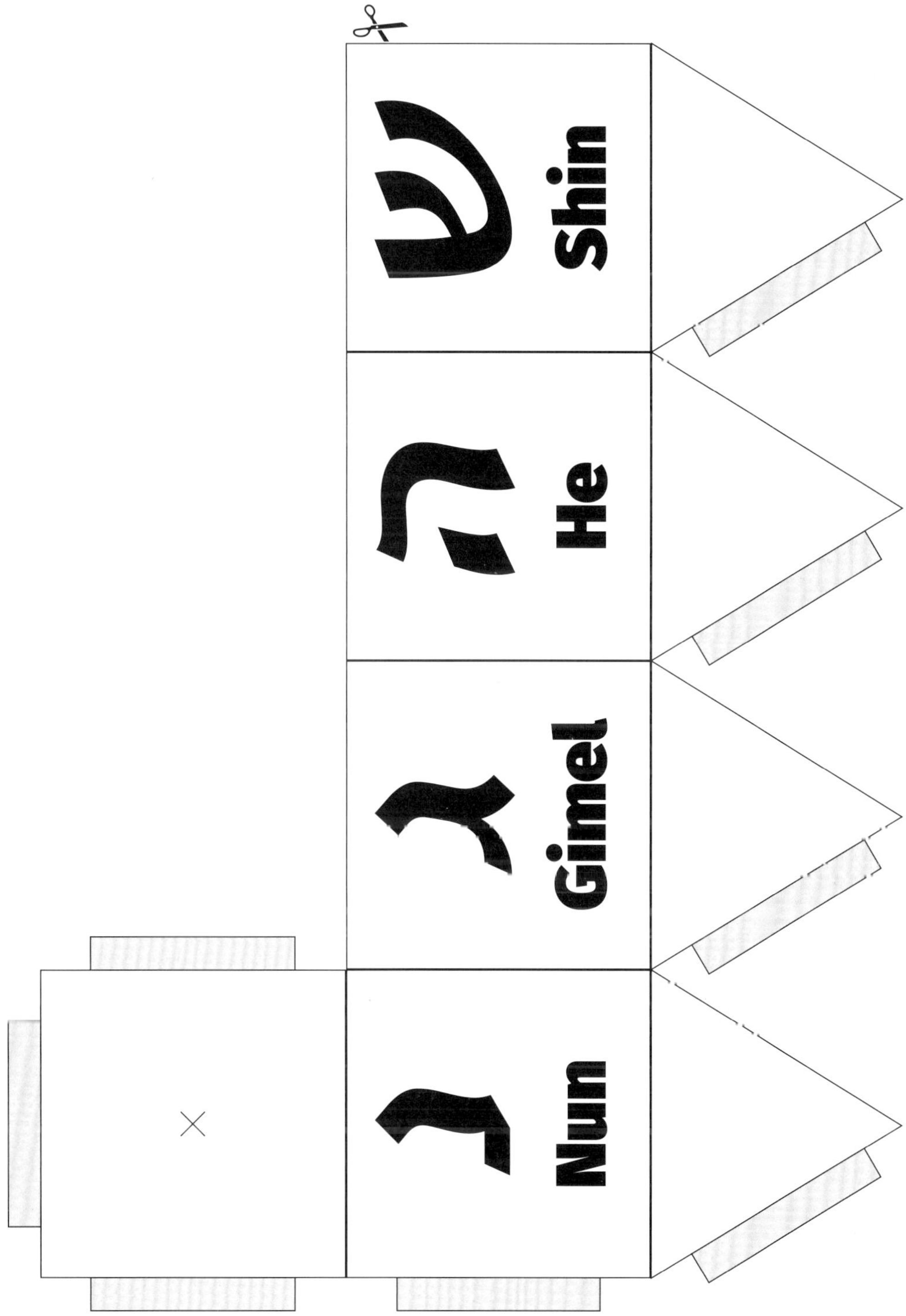

# Ein Brief

Schreibe einen Brief an Dina und Ben. Erzähle ihnen, was dir an ihrer Religion besonders aufgefallen ist. Kannst du verstehen, warum ihnen ihre Religion wichtig ist? Dann schreibe dies ebenfalls in den Brief.

*Liebe Dina und lieber Ben,*

*Schöne Grüße,*

## Das Christentum

*Wir sind Anna und Phillip und möchten dir etwas über das Christentum erzählen. Was uns daran am besten gefällt, ist die Gemeinschaft, die man in der Kirche und im Gottesdienst erfährt. Die Feste und Feiertage finden wir natürlich auch gut.*

Das Christentum hat etwa 2,1 Milliarden Anhänger überall auf der Erde und ist besonders in Europa, Asien, Amerika, und zunehmend auch in Afrika verbreitet. Die Christen folgen den Lehren von Jesus Christus, der vor gut 2.000 Jahren in einem Stall in Betlehem geboren wurde. Dieser Tag war vielen Menschen so wichtig, dass er der Beginn unserer Zeitrechnung ist. Jemand, der zum Beispiel im Jahr 1998 geboren wurde, ist also 1.998 Jahre nach Jesus geboren.

Jesus half den Armen und Kranken und predigte den Menschen, dass sie auf Gewalt verzichten und Nächstenliebe praktizieren sollen. Nach seinem Tod gaben seine Anhänger seine Lehren weiter. Diese Lehren fanden viele Menschen gut, so dass sich das Christentum immer weiter verbreitete.

*Jesus bei der Bergpredigt auf einem Ölgemälde aus dem 19. Jahrhundert*

## Die Heilige Schrift des Christentums

Die wichtigste Schrift des Christentums ist das Neue Testament der Bibel. Die Bibel kennt ja so gut wie jeder in Deutschland – aber nicht alle wissen, dass auch das Heilige Buch des Judentums zur Bibel gehört. Die Christen nennen es „Altes Testament“. Das Alte Testament erzählt von der Zeit vor der Geburt Jesu, und im Neuen Testament geht es vor allem um seine Geburt, sein Leben als Wunderheiler und Prediger und um seine Kreuzigung.

## Der christliche Glaube

Die Christen glauben, dass Jesus der Sohn Gottes war und auf die Erde geschickt wurde, um die Menschen zu retten. Mit seiner Kreuzigung soll er alle Sünden auf sich genommen und so die Menschen davon befreit haben. Darum ist das Kreuz ein wichtiges Symbol im Christentum. Viele Feiertage haben noch heute einen Bezug zu Jesu Leben, wie es in der Bibel steht. Seine Geburt wird zum Beispiel an Weihnachten gefeiert, seine Kreuzigung am Karfreitag, seine Auferstehung zu Ostern und 39 Tage nach dem Ostersonntag seine Himmelfahrt.

*Am Karfreitag gedenken die Christen der Kreuzigung Jesu und Ostern seiner Auferstehung.*

Neben Jesus ist auch Gott selbst für die Christen sehr wichtig. In der Bibel gilt er als Schöpfer der Welt. Das Christentum ist eine monotheistische Religion. Viele Christen glauben daran, dass der eine Gott drei Wesen zugleich in sich vereint: Er ist gleichzeitig Gottvater,

Gottes Sohn Jesus Christus und der Heilige Geist Gottes, der in allen Lebewesen und Dingen vorhanden ist. Diese Wesenseinheit nennen die Christen die „Dreifaltigkeit". Sie meinen aber nur einen einzigen Gott damit.

*Die Dreifaltigkeit bedeutet, dass Gott über uns, neben uns und in uns ist. Ich finde es beruhigend, mir vorzustellen, dass Gott immer bei mir ist.*

Im Laufe der Zeit gab es im Christentum einige Veränderungen, mit denen nicht immer alle Christen einverstanden waren. Darum sind die Christen heute in verschiedene Glaubensrichtungen aufgeteilt. Die drei größten christlichen Konfessionen sind das katholische, evangelische und orthodoxe Christentum. Innerhalb dieser Gruppierungen gibt es wiederum weitere Unterteilungen. Dadurch, dass es so viele christliche Strömungen gibt, unterscheiden sich natürlich auch ihre Rituale und Bräuche mehr oder weniger.

Bei manchen Bräuchen ist das Wissen über deren religiöse Ursprünge aber fast verloren gegangen. Auch was die Feiertage betrifft, ist manches nicht immer ganz eindeutig. Ein Beispiel: Zu Weihnachten wird die Geburt Jesu gefeiert. Der Weihnachtsmann ist aber gar keine christliche Gestalt – er wurde im 19. Jahrhundert einfach zum Fest dazuerfunden! Dass man sich zu Weihnachten etwas schenkt, ist hingegen schon eine christliche Tradition. Zum Gedenken an den mildtätigen Heiligen Nikolaus, der im 4. Jahrhundert n. Chr. Bischof in Myra (eine Stadt in der heutigen Türkei) war, lassen wir uns am 6. Dezember beschenken, indem wir unsere Schuhe vor die Tür stellen.

*Nikolaus von Myra (russische Ikone von Aleksa Petrov, 1294)*

## Das Gotteshaus des Christentums: Die Kirche

Das Gotteshaus der Christen ist die Kirche, in der sie sich zu besonderen Anlässen und sonntags zum Gottesdienst versammeln. Von der kleinen Dorfkirche bis zum Dom – Kirchen können ziemlich unterschiedlich aussehen. Um die Gemeinde zum Gottesdienst zu rufen, werden traditionell die Kirchenglocken im Glockenturm geläutet.

In der Mitte einer Kirche steht der Altar, eine Art Tisch. Er soll daran erinnern, dass Jesus vor seiner Kreuzigung noch mit seinen Freunden sein letztes Abendmahl gegessen hat. Links neben dem Altar steht das Taufbecken.

Der Vorstand einer Kirche und meist auch der Kirchengemeinde heißt bei protestantischen (oder auch evangelischen) Christen Pfarrer oder Pastor und in der römisch-katholischen Kirche Priester. In der evangelischen Kirche können auch Frauen das Pfarramt ausüben und die Pfarrer oder Pfarrerinnen dürfen eine Familie haben. In der römisch-katholischen Kirche ist das verboten. Das Oberhaupt der römisch-katholischen Christen ist der Papst.

Für die Kirchenmusik ist bei den Christen die Kantorin oder der Kantor zuständig. Sie leiten den Chor, spielen die Kirchenorgel und sind im Gottesdienst die Vorsänger. Eine besonders temperamentvolle Art der Kirchenmusik ist der Gospel.

## Der christliche Glaube im Alltag

Das Beten gehörte schon immer zum christlichen Glauben. In der Bibel gibt es viele verschiedene Gebete, zum Beispiel Dank- oder Bittgebete. Das wichtigste Gebet der Christen ist das Vaterunser. Es wird zu jedem Gottesdienst gesprochen. Außerdem beten viele Christen vor dem Essen und dem Schlafen.

Der christliche Wochenfeiertag ist Sonntag. An diesem Tag gehen viele Menschen in christlichen Ländern nicht zur Arbeit und die Geschäfte sind geschlossen. Viele Christen gehen sonntags zum Gottesdienst und verbringen Zeit mit ihrer Familie.

*Meine Familie und ich gehen jeden Sonntag in den Gottesdienst. Auch zu Hause beten wir oft, zum Beispiel zu festlichen Anlässen. Manchmal bete ich auch, wenn ich allein bin.*

*Ich bete nur, wenn ich in den Gottesdienst gehe – also immer dann, wenn ich Lust dazu habe. Das kommt etwa zweimal im Monat vor, und an den Feiertagen. Mir gefällt am Gottesdienst vor allem das Gefühl von Gemütlichkeit und Zusammengehörigkeit. Es ist nett, gemeinsam mit den anderen Gemeindemitgliedern zu singen, zu beten und Geschichten anzuhören.*

Strenge Speisevorschriften wie im Judentum oder dem Islam gibt es im Christentum nicht. Früher war es aber Brauch, dass Christen am Freitag kein Fleisch, sondern Fisch essen. Das sollte an die Kreuzigung Jesu am Karfreitag erinnern. Außerdem war es üblich, dass Christen die ganzen sieben Wochen vor Ostern und in der Adventszeit fasteten. Heute hält sich aber kaum noch jemand an diese Regeln.

Ein Regel ist aber auch im Christentum ganz wichtig: das Thoragebot der Nächstenliebe, das oft im Neuen Testament zitiert wird. Jesus selbst soll gesagt haben, dass es zu den wichtigsten zwei Geboten gehört:

*„Du sollst deinen Nächsten lieben wie dich selbst.“*

## Das Christentum – Gegenstände und Symbole

Das wichtigste Symbol des Christentums ist das Kreuz. Es soll zum einen an die Kreuzigung von Jesus erinnern, aber es gibt noch eine zweite Bedeutung: Der waagerechte Balken des Kreuzes steht für die Verbundenheit zwischen den Menschen, und der senkrechte Balken steht für ihre Verbundenheit mit Gott. Kreuze gibt es in allen Kirchen, aber auch in vie-

len christlichen Wohnungen und öffentlichen Gebäuden. Rechts siehst du ein Kreuz in einer finnischen Kirche. Ein Kreuz, auf dem der gekreuzigte Jesus dargestellt ist, heißt Kruzifix. Neben einem Kreuz kann man in christlichen Wohnungen manchmal einen christlichen Kalender an der Wand finden. Auf den Blättern stehen Bibeltexte und Erklärungen dazu – so kann man viel Neues über die Bibel und den christlichen Glauben erfahren.

Hier siehst du einen Rosenkranz. Diese Schnur mit 59 Perlen wird als Hilfe für das katholische Rosenkranzgebet genutzt. Nach jedem Gebetsteil nimmt der Betende eine neue Perle in die Hand – so wird kein Teil vergessen. Oft ist der Rosenkranz mit einem Kreuz verziert.

*Eine berühmte Mariendarstellung ist Raffaels „Sixtinische Madonna“ (1512/1513).*

Abbildungen von Heiligen, also von Menschen, die in religiöser wie moralischer Hinsicht als besonders vorbildlich betrachtet werden, sind besonders in der römisch-katholischen Kirche verbreitet. Oft findet man solche Heiligenbilder in katholischen Kirchen oder auch in Wohnungen gläubiger Katholiken. Sie sollen den Gläubigen als Vorbild dienen und sie beschützen. Da Maria Jesus geboren hat, gilt sie als besonders wichtige Heilige. Sie wird besonders oft dargestellt. Links siehst du eine bekannte Mariendarstellung des italienischen Malers Raffael.

Im Christentum werden zu vielen Gelegenheiten Kerzen und Lichter angezündet. Weil Kerzen Wärme und Licht geben, stehen sie im Christentum für das Leben, das Gott den Menschen schenkt.

*Weihnachtskrippe in Michelstadt*

## Christliche Feste

Im Christentum gibt es viele Feste, die mit dem Leben von Jesus zusammenhängen. Am 25. Dezember ist Weihnachten, und die Geburt von Jesus Christus wird gefeiert. Eigentlich beginnt das Fest schon am 24. Dezember, dem Heiligen Abend, denn es heißt, dass Jesus nachts in einem Stall in Betlehem geboren wurde. Am Heiligen Abend gibt es Geschenke und ein Festessen. Viele Christen stellen außerdem eine Krippe auf.

*Die Feste geben uns ein Gefühl von Gemeinschaft, und außerdem machen sie Spaß. Sie sind etwas Besonderes, eine kleine Pause vom Alltag.*

Vier Sonntage vor Weihnachten beginnt die Adventszeit, und jeden Sonntag wird eine neue Kerze am Adventskranz angezündet. Außerdem werden in dieser Zeit viele Plätzchen gebacken. „Advent“ bedeutet „Ankunft“ – die Geburt kann man ja auch als Ankunft auf der Welt bezeichnen.

Zwölf Tage nach Weihnachten, also am 6. Januar, feiern Christen das Dreikönigsfest. Damit gedenken sie der Heiligen Drei Könige, dreier Weisen aus dem Morgenland, die der Bibel zufolge durch den Stern von Betlehem zum neugeborenen Jesus geführt wurden. An diesem Tag verkleiden sich christliche Kinder als die Drei Könige, gehen als Sternsinger von Haus zu Haus und sammeln Geld für arme Kinder.

Am Karfreitag, dem Freitag vor Ostern, gedenken Christen der Kreuzigung Jesu. Das althochdeutsche Wort „kara“ bedeutet Trauer. Drei Tage danach wird am Ostersonntag Jesu Auferstehung gefeiert. Im Christentum ist Ostern das wichtigste Fest. Es findet jeweils am ersten Sonntag nach dem ersten Frühlingsvollmond – der ist immer am 21. März – statt.

Vierzig Tage nach Ostern ist Christi Himmelfahrt: An diesem Tag ist laut Neuem Testament Jesus nach seiner Auferstehung in den Himmel zu seinem Vater aufgefahren. Am fünfzigsten Tag nach Ostersonntag (das Wort „Pfingsten“ kommt aus dem Griechischen und bedeutet „fünfzigster Tag“) feiern Christen das Pfingstfest. An diesem Tag soll der Heilige Geist zu den Anhängern Jesu gekommen sein, um sie in ihrem Glauben zu bestärken. Die Gläubigen zogen dann los und erzählten den anderen Menschen davon. Deshalb bezeichnen manche Christen Pfingsten auch als den Geburtstag der Kirche.

Zum Herbstbeginn, also Ende September oder Anfang Oktober, feiern Christen das Erntedankfest. Dabei danken sie Gott für die Gaben der Natur, die er ihnen geschenkt hat. Aus diesem Grund wird die Kirche mit Getreide, Gemüse und Früchten geschmückt.

Am 11. November gedenken Christen des Heiligen Martin (Sankt Martin von Tours, 317 bis 397 n. Chr.), eines römischen Offiziers, der wegen seiner Wohltätigkeit überall bekannt war. An diesem Tag ziehen Kinder mit bunten Laternen singend durch die Straßen.

## Die großen christlichen Feste im Leben

Mit der Taufe wird ein Mensch in die christliche Gemeinde aufgenommen. Meist findet dazu ein Gottesdienst statt, bei dem der Pfarrer oder Priester dem Täufling etwas Wasser über den Kopf gießt, ihn beim Namen nennt und sagt: „Ich taufe dich im Namen des Vaters und des Sohnes und des Heiligen Geistes." Anschließend gibt es ein großes Familienfest.

*Die meisten Christen werden als Babys getauft. Es ist aber als Erwachsener auch noch möglich.*

Im Alter von sechs bis zwölf Jahren feiern römisch-katholische Christen im Kreis ihrer Familie Erstkommunion. Sie nehmen dann zum ersten Mal am Abendmahl in einem Gottesdienst teil. So soll an das letzte Abendmahl von Jesus erinnert werden. Bevor es so weit ist, lernen die Kinder in Kommunionsunterricht, was die Erstkommunion bedeutet und was dabei passiert.

Wenn sie zwischen 13 und 15 Jahre alt sind, feiern römisch-katholische Christen Firmung und evangelische Christen Konfirmation. Davor lernen sie genau, was der christliche Glaube bedeutet und wie Christen leben. So können Christen vor der Firmung oder Konfirmation noch überlegen, ob sie weiterhin als Christen leben möchten. Danach haben sie dann alle Rechte und Pflichten erwachsener Christen, und es gibt ein Familienfest.

*Vor der Konfirmation oder Firmung wird viel in der Bibel gelesen.*

*Ich besuche zurzeit den Konfirmandenunterricht. Er läuft unterschiedlich lang. Normalerweise verteilt er sich über einen Zeitraum von ein bis zwei Jahren. Dort lernen wir den christlichen Glauben besser kennen und bereiten uns auf die Konfirmation vor. Es ist manchmal ganz schön anstrengend, aber meist macht es auch Spaß.*

Die Heirat eines christlichen Paares wird in einem Gottesdienst gefeiert. Dabei kommen Freunde und Familien des Paares und die ganze Gemeinde zusammen. Die Braut und der Bräutigam werden dann gesegnet, sie versprechen sich, immer füreinander da zu sein, und tauschen Ringe aus. Dazu gibt es Musik, Gebete, und es werden Bibeltexte vorgelesen. Nach dem Gottesdienst wird ein großes Fest mit Freunden und Verwandten gefeiert.

# Collage

**1 Welche Bedeutung hat der christliche Glaube im Leben von jungen Menschen?**

Schreibe einige Stichworte dazu auf.

**2 Gestalte eine Collage aus Zeitungsausschnitten, die zu deinen Stichworten passen.**

# Exkursion zu einer kirchlichen Einrichtung

**1 Besucht eine kirchliche Einrichtung (Krankenhaus, Hospiz, Altenheim o.ä.).**

Unterhaltet euch mit den Menschen dort. Was hat die Arbeit mit Religion zu tun? Anschließend könnt ihr das Protokoll des Besuchs schreiben.

| | |
|---|---|
| Wir waren hier: | |
| Dort wird folgenden Menschen geholfen: | |
| Diese Person/en haben wir getroffen: | |
| Das haben wir erfahren: | |
| Weiteres: | |

# In einer Kirche

In einer Kirche kann man viele interessante Dinge sehen. Benenne die abgebildeten Gegenstände und erläutere, welche Bedeutung sie jeweils für den christlichen Glauben haben.

1

2

3

4

5

# Christliche Feiertage

**1 Beschreibe, was Christen an folgenden Feiertagen eigentlich genau feiern.**

Karfreitag:

Christi Himmelfahrt:

Ostern:

Martinsfest:

Weihnachten:

**2 Schreibe weitere christliche Feiertage auf, die im Laufe eines Kirchenjahres anfallen.**

# Was gehört zum Christentum?

Kreuze an: Welche dieser Gegenstände, Bräuche und Symbole haben ursprünglich etwas mit dem christlichen Glauben zu tun und welche nicht?

| Gegenstand/Brauch/Symbol | christlichen Ursprungs | nicht christlichen Ursprungs |
|---|---|---|
| Kruzifix | | |
| Rosenkranz | | |
| Taufbecken | | |
| Weihnachtsmann | | |
| Weihnachten | | |
| Osterhase | | |
| Martinsfest | | |
| Bar Mitzwa | | |
| Ostereier | | |
| Kirche | | |
| Konfirmation | | |
| Neues Testament | | |
| Altes Testament | | |
| Koranschule | | |
| Dreifaltigkeit | | |
| Yin-Yang-Symbol | | |
| Pilgerreise nach Mekka | | |

# Der Islam

Der Islam ist eine monotheistische Religion, und mit rund 1,6 Milliarden Anhängern nach dem Christentum heute die zweitgrößte Weltreligion. Ihre Gläubiger bezeichnen sich als Muslime oder Moslems, was auf Arabisch so viel bedeutet wie „der/die sich Gott Hingebende". Bei den Muslimen heißt Gott „Allah".

## Der muslimische Glaube

Vor über 1.400 Jahren lebte in Mekka (im heutigen Saudi-Arabien) ein Kaufmann namens Mohammed. Er und seine Frau Khadija waren angesehene Mitglieder der Gesellschaft in Mekka, aber Mohammed fand die sozialen Zustände dort nicht gerecht. Darum zog er sich oft in die Höhle Hira nahe der Stadt zurück, um in Ruhe nachzudenken und zu meditieren.

Im Jahr 610 n. Chr., als Mohammed etwa 40 Jahre alt war, erlebte er in dieser Höhle seine erste Offenbarung: Der Legende nach erschien ihm der Engel Gabriel und verkündete ihm, dass er zum Propheten auserwählt worden sei. Dann übermittelte er Mohammed die ersten Offenbarungen des Koran, der Heiligen Schrift des Islam. Von diesem Zeitpunkt an empfing Mohammed die nächsten 22 Jahre in unregelmäßigen Abständen von Gabriel sämtliche Koransuren, so heißen die Abschnitte des Koran.

*Mohammed empfängt Offenbarungen des Korans von Allah durch Gabriel (persisches Gemälde aus dem frühen 14. Jahrhundert).*

Zunächst erzählte Mohammed nur seiner Familie von der neuen Religion. Später begann er dann, auch öffentlich zu predigen. Allerdings glaubten die Menschen in Mekka damals an mehrere Götter, und die neue Religion fand nicht sehr viele Anhänger. Im Laufe der Zeit verbreitete sich der Islam jedoch immer weiter. Muslime glauben auch an Jesus, sehen ihn aber nicht als Sohn Gottes, sondern als einen von Gott gesandten Propheten an. Auch Abraham wird oft im Koran erwähnt – er gilt auch im Islam als Verkünder des monotheistischen Glaubens.

## Die Heilige Schrift des Islam

Die Heilige Schrift des Islam, der Qur'an oder Koran, enthält nach Meinung der Gläubigen die wörtliche Offenbarung Gottes an den Propheten Mohammed. Der Koran besteht aus 114 Suren (Kapiteln) mit zusammen 6.236 Versen. Die Suren sind ihrer Länge nach absteigend geordnet. Der Koran ist auch die Grundlage des islamischen Rechts, der Scharia, und enthält viele Vorschriften für das alltägliche Leben.

# Das Gebetshaus des Islam: Die Moschee

Das Gebetshaus des Islam ist die Moschee – dieses Wort bedeutet „Ort der Niederwerfung". Zu jeder Moschee gehört mindestens ein Gebetsraum, der von einer oder mehreren Kuppeln überdacht ist. Meist ist darauf eine Mondsichel angebracht – das Symbol des Islam. Außerdem hat jede Moschee mindestens ein Minarett. Das sind die schlanken langen Türme, von denen aus der Muezzin fünf Mal am Tag zum Gebet ruft.

*Im Alltag ist es nicht immer leicht, die Gebetszeiten einzuhalten. Wir bemühen uns aber darum, denn die Gebete sind sehr wichtig für uns. Sie gehören fest zu unserem Leben.*

*Der Muezzin ruft zum Gebet.*

Im Gebetsraum der Moschee liegen meist Gebetsteppiche. Nachdem die Gläubigen sich in den anliegenden Waschräumen gereinigt und ihre Schuhe ausgezogen haben, knien sie auf den Teppichen zum Gebet nieder. Eine Nische zeigt ihnen an, in welcher Richtung die Stadt Mekka (der zentrale Wallfahrtsort des Islam) liegt, und dorthin verneigen sie sich beim Gebet. Wenn möglich sollen die Gebete gemeinschaftlich in der Moschee erfolgen, aber wenn es nicht anders geht, können Muslime auch anderswo und allein beten. Neben der Gebetsnische sind – meist über je eine Treppe – das Lesepult und die Kanzlei zu erreichen. Das Lesepult nutzt der Imam, um aus dem Koran vorzulesen. Von der Kanzel predigt er während des Freitaggebets und an den beiden hohen Feiertagen. Auf der obersten Stufe der Treppe steht der Imam jedoch nie – das ist einzig dem Propheten Mohammed erlaubt.

Der Imam ist in der Moschee als Vorbeter tätig, leitet Gottesdienste und erklärt den Muslimen Allahs Willen. Viele Muslime sehen ihn als einen Nachfolger Mohammeds an. Ob auch Frauen Imame werden können, diese Frage wird unter Muslimen derzeit stark diskutiert. Besonders in der Türkei und in Marokko gibt es nämlich auch einige weibliche Imame. Der Muezzin ruft in der Moschee die Muslime mit einem (meist durch Lautsprecher verstärkten) arabischen Gesang vom Minarett aus zum Gebet. Das erste findet bei Sonnenaufgang statt.

# Der muslimische Glaube im Alltag

Muslime beten fünf Mal am Tag: bei Sonnenaufgang, mittags, nachmittags, bei Sonnenuntergang und zur Nacht. Das Gebet wird durch eine ganz bestimmte Abfolge von Bewegungen und Positionen begleitet. Jeden Freitag wird das Mittagsgebet durch das umfangreichere Freitagsgebet ersetzt. Der Imam betet es laut vor, nachdem er eine Predigt gehalten hat. An diesem Gebet müssen alle Muslime teilnehmen – darum ist der Freitag in muslimischen Staaten ein Ruhetag.

*Beim Gebet gibt es eine bestimmte Abfolge von Bewegungen.*

Im Koran gibt es einige Bekleidungsvorschriften sowohl für Frauen als auch für Männer. Sie werden unterschiedlich interpretiert. Auch für das Essen gibt es Regeln: Schweinefleisch, Blut und Alkohol sind Muslimen nicht erlaubt. Diese Regeln sollen der Gesundheit des Einzelnen dienen. Andere Regeln wie zum Beispiel das Verbot des Wucherzinses oder der Schutz von Eigentum sichern die soziale Gerechtigkeit. Der Kern des Islam ist aber das Einüben der Taqwa – das bedeutet, dass man sich Gottes Gegenwart bewusst ist.

*Wir halten uns auch im Alltag immer an die Regeln, denn sie gehören ganz fest zu unserem Leben. Die Regeln und besonders das Vertrauen in Gottes Gegenwart geben uns ein Gefühl von Sicherheit und Frieden.*

Für Muslime gibt es Pflichten, die auch die „Fünf Säulen des Islam" genannt werden. Die erste ist das Glaubensbekenntnis Schahada, nach dem es keinen Gott außer Allah gibt. Die zweite ist Salat, das Beten fünfmal am Tag. Zakat, die dritte Säule, verpflichtet Muslime, armen Gläubigen mit Spenden zu helfen. Sawn, die vierte Säule, ist ebenfalls sehr wichtig: Sie verpflichtet zum Fasten im Monat Ramadan, dem neunten Monat im islamischen Kalender. Einen Monat lang gibt es von Sonnenaufgang bis Sonnenuntergang nichts zu essen, zu trinken, keine Zigaretten und keine körperliche Liebe. Damit möchten Muslime ihre Disziplin und Gewissenhaftigkeit im Glauben an Gott ausdrücken. Am Ende des Ramadan folgt dann das Fastenbrechen. Die fünfte Pflicht ist die Pilgerreise nach Mekka, die man mindestens einmal in seinem Leben unternehmen sollte. Dort steht nämlich die „Kaaba". Dieses würfelförmige Gebäude ist das wichtigste Heiligtum des Islam. Die Pilger müssen sie siebenmal umrunden.

## Der Islam – Gegenstände und Symbole

Das Symbol des Islam ist die Hilal (das bedeutet Mondsichel) mit Stern. Die schmale Neumondsichel ist bedeutsam im Islam, denn das islamische Jahr richtet sich nach dem Mondkalender. Mit dem Sichtbarwerden der Neumondsichel beginnt jeweils ein neuer Monat. Darum hängen viele wichtige Termine und Feste vom Erscheinen des Neumondes ab. Der Ramadan zum Beispiel beginnt erst, wenn die Mondsichel erscheint. Die Darstellung ist übrigens stilisiert, denn eigentlich ist der Neumond nach links geöffnet. Die Hilal findet man zum Beispiel auf Minaretten und Moscheenkuppeln, auf den Flaggen einiger muslimischer Staaten, als Schmuck oder als Erkennungszeichen für die medizinische Ambulanz.

Auch im Islam gib es eine Gebetskette: die Misbaha. Sie besteht meist aus 99 Perlen, von denen jede für einen der Namen Allahs steht. Es gibt aber auch Ketten mit 33 oder elf Perlen. Die Misbaha unterstützt den Betenden beim Zählen von Gebetsformeln. Außerdem dient sie als Talisman, als Symbol für den Islam und als Halsschmuck.

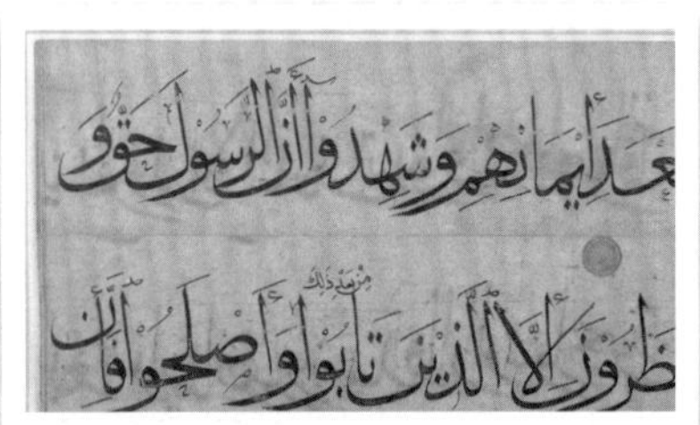

Die Islamische Kalligraphie, eine arabische Schönschrift, hat eine lange Tradition. Damit werden zum Beispiel Gebete, die Schahada (das Glaubensbekenntnis) oder Verse aus dem Koran zu richtigen Kunstwerken. Das Bild links zeigt einen Text aus dem Koran.

*Wenn wir zu Hause beten, nutzen wir einen Gebetsteppich. Das ist ein mit Schriftzeichen und Ornamenten verzierter Teppich, auf dem Platz für genau eine Person ist.*

## Muslimische Feste

Da sich die islamischen Feste nach dem Mondkalender richten, beginnen sie jedes Jahr ungefähr zehn Tage früher als im Jahr davor. Das höchste Fest des Islam ist das Opferfest. Dabei gedenken Muslime der Hingabe Abrahams an Gott. Das Fest dauert vier Tage, in denen Abrahams gedacht, Essen an Bedürftige verteilt und natürlich auch gefeiert wird. In Ägypten stehen zu dieser Zeit überall Karusselle auf den Straßen – sie laufen bis spät in die Nacht.

*Während des Ramadan leuchten zur Dekoration bei vielen die Ramadanlaternen.*

Im Fastenmonat Ramadan darf zwischen Sonnenauf- und -untergang nichts gegessen werden. Er endet mit dem Fastenbrechen, das türkische Muslime Zuckerfest nennen. Es dauert drei Tage und beginnt mit einem morgendlichen Gottesdienst in der Moschee. Danach gehen viele Muslime noch auf den Friedhof, um der Verstorbenen zu gedenken. Dann werden Verwandte besucht und es wird endlich wieder ordentlich gegessen – vor allem Süßes steht auf dem Speiseplan. Die Kinder bekommen außerdem Geschenke.

Am Lichterfest feiern Muslime die Geburt Mohammeds. Zu diesem Anlass werden die Moscheen geschmückt und die Muslime versammeln sich, um einander Geschichten von Mohammed zu erzählen. Außerdem gibt es ein Festessen.

## Die großen muslimischen Feste im Leben

Ein Kind muslimischer Eltern ist automatisch auch Muslim. Es gibt nach der Geburt also kein Ritual, um das Kleine in der Glaubensgemeinschaft aufzunehmen. Dafür gibt es jedoch viele Traditionen, die seinen Glauben festigen sollen. Gleich nach der Geburt stellt sich der Vater in Richtung Mekka neben das Baby und flüstert ihm die Schahada ins Ohr. Das sollen nämlich die allerersten Worte sein, die das Kind hört. Den Namen bekommt das Neugeborene entweder am Tag der Geburt oder sieben Tage danach. Der Name soll schön sein und einen religiösen Bezug haben – für Jungen ist der Name Mohammed natürlich besonders beliebt. Nachdem das Kind einen Namen hat, wird ihm der Kopf rasiert und das Gegengewicht der Haare in Gold an Bedürftige gespendet.

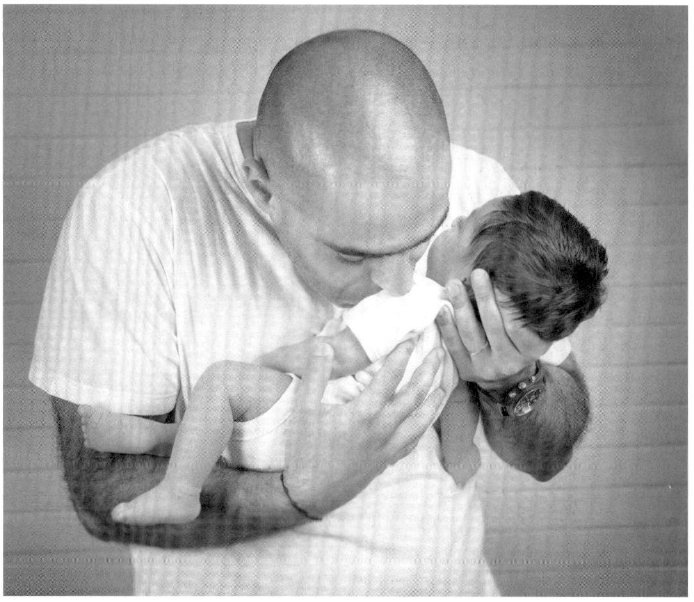

Vor der Pubertät werden islamische Jungen beschnitten. Dies wird nicht vom Koran verlangt, sondern steht als Pflicht in der Sunna. Die Sunna ist die zweitwichtigste Sammlung von Gesetzen nach dem Koran.

Für die Eheschließung bei Muslimen genügt es, wenn das Paar vor zwei Zeugen den Ehevertrag unterschreibt. Die Anwesenheit eines Geistlichen wird nicht verlangt, aber meist ist trotzdem ein Imam dabei. Die Braut bekommt zur Hochzeit Geld, Möbel, Kleidung und Schmuck von ihrem Mann – das ist die sogenannte Morgengabe. Was danach geschieht, ist je nach Region und sozialer Stellung des Paares sehr unterschiedlich. Meist führt die Braut in ihrem Elternhaus eine rituelle Waschung durch und zieht sich festlich an. Dann wird sie in einem Festzug zum Haus ihres Zukünftigen geführt. Dort gibt es eine große Feier, und das Paar bekommt Geschenke.

*Viele Muslimas verzieren ihre Hände zur Hochzeit mit Henna Malerei*

Ein weiterer Höhepunkt im Leben vieler Muslime ist die Hadsch – die Pilgerfahrt nach Mekka. Dazu gehören viele verschiedene Rituale, wie zum Beispiel das siebenmalige Umrunden der Kaaba und der Höhepunkt der Hadsch: das Opferfest.

# Gegenstände des muslimischen Glaubens

Notiere, wie folgende Gegenstände heißen und was sie für den Islam bedeuten.

**1** ______________________

______________________

______________________

______________________

**2** ______________________

______________________

______________________

______________________

______________________

**3** ______________________

______________________

______________________

______________________

______________________

**4** ______________________

______________________

______________________

______________________

# Der Koran

Nimm einen Koran in deutscher Sprache zur Hilfe, um folgenden Lückentext zu vervollständigen.

Der Koran ist die Heilige Schrift des ............................................................................ . Er besteht aus

............................................... Kapiteln, diese werden ................................ genannt. Jedes Kapitel hat

einen eigenen Namen, das zweite zum Beispiel heißt: „...........................................................................“.

Mit Ausnahme des 9. Kapitels beginnt jedes mit den Worten: „...........................................................

............................................................................................................................................................“.

Im Islam glaubt man, dass der Koran die wörtliche Offenbarung Gottes durch den Engel

........................................................................... an den Propheten ..................................................

ist. Gott heißt auf Arabisch ........................................................ . Der Koran ist die Grundlage des

islamischen Rechts, der .................................................. . Er enthält zudem viele Regeln für das

alltägliche Leben. Die Pflichten, die jeder Muslim hat, basieren auch auf dem Koran – sie

heißen die ..................................................................................................................................... .

# Die fünf Säulen des Islam

Erkläre jeweils kurz, was mit jeder der fünf Säulen des Islam gemeint ist.

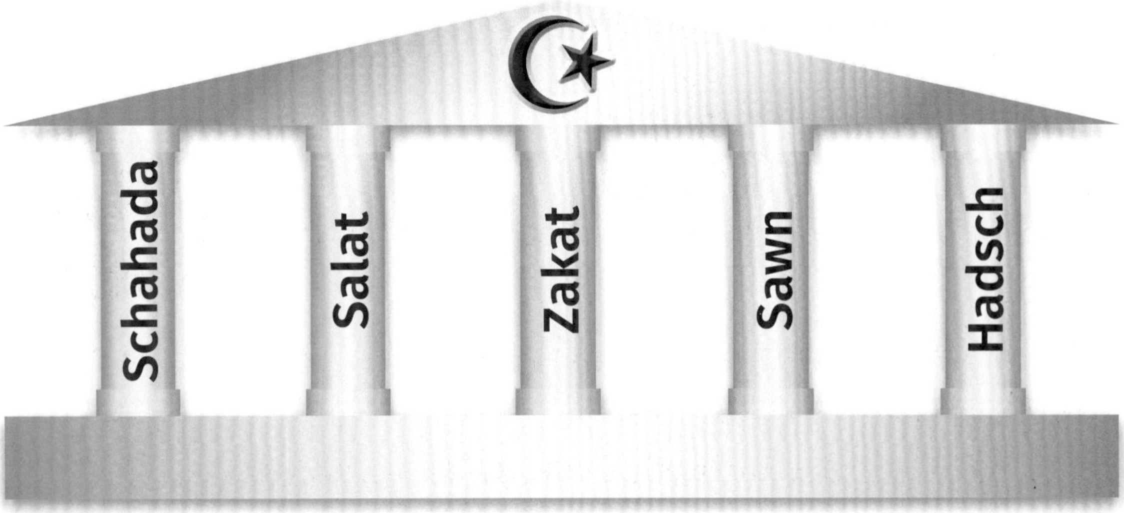


Schahada: ______________________________

______________________________

______________________________

Salat: ______________________________

______________________________

______________________________

Zakat: ______________________________

______________________________

______________________________

Sawn: ______________________________

______________________________

______________________________

Hadsch: ______________________________

______________________________

______________________________

# Das Wort „Gott“

*Eines der wichtigsten Wörter überhaupt für uns ist das Wort „GOTT“, also „ALLAH“. Wir schreiben es in Großbuchstaben, in Schmuck- oder Schönschrift. Auf Arabisch sieht das so aus (Schönschrift):*

الله

*Im Islam gibt es außerdem 99 Namen für Allah. Jeder davon steht für eine seiner Eigenschaften.*

**1 Gibt es etwas, das dir so wichtig ist, dass du es immer groß schreiben möchtest?**

Schreibe es in Schönschrift auf ein extra Blatt.

**2 Recherchiere im Internet die 99 Namen Allahs und lese sie aufmerksam.**

Welche Gedanken hast du dabei? Drücken die vielen Namen etwas darüber aus, was Gott den Anhängern des Islam bedeutet?

______________________________

______________________________

______________________________

______________________________

______________________________

______________________________

# Gespräche über den Islam

**1 Suche dir einen Partner.**

Was meint ihr: Welchen Stellenwert nimmt der islamische Glaube im Leben muslimischer Jugendlicher ein? Könnt ihr nachvollziehen, dass ihnen bestimmte Dinge sehr wichtig sind?

**2 Überlegt gemeinsam, was ihr noch über den Islam erfahren möchtet, und schreibt eure Fragen auf.**

Interviewt eine Muslima oder einen Muslim. Vielleicht können sie euch sogar ihre Moschee zeigen?

**3 Erkundigt euch nach Menschen in eurer Umgebung, die sich für den interreligiösen Dialog zur Friedensförderung engagieren.**

Findet ihr jemanden, der für ein Gespräch in eure Schule kommen kann? Bereitet das Gespräch in eurer Klasse vor, und klärt, welche Fragen ihr stellen möchtet.

# Der Buddhismus

*Wir heißen Maya und Sam und sind Anhänger des Buddhismus. Uns gefällt an dieser Religion besonders, dass sie sehr offen ist. Außerdem mögen wir das Meditieren und dass Buddhisten immer versuchen, andere so zu behandeln, wie sie selbst auch behandelt werden möchten.*

Der Buddhismus hat weltweit etwa 400 Millionen Anhänger. Buddhisten glauben überhaupt nicht an einen oder mehrere allmächtige Götter. Sie folgen den Lehren von Siddhartha Gautama, der im 5. Jahrhundert v. Chr. in Indien gelebt haben soll. Buddha bedeutet „Erwachter“ auf Sanskrit. Im Laufe der Jahrtausende wurde zu den Erzählungen über ihn einiges hinzuerfunden.

## Der buddhistische Glaube

Gemäß der Überlieferung soll Siddhartha ein reicher Fürstensohn gewesen sein, der in ein Leben in Luxus und Reichtum hineingeboren wurde. Schon als Kind soll er außergewöhnlich klug und begabt gewesen sein. Mit 16 Jahren heiratete er und lebte mit seiner Frau in einem Palast. Auf Anordnung seines Vaters bekam Siddhartha nie menschliches Leid zu sehen – er wusste also gar nicht, dass es so etwas gibt. So lebte der junge Mann ein völlig sorgloses Leben, war jedoch trotzdem ständig unzufrieden.

*Siddhartha sah einen alten Mann (auf der Straße hinter dem Wagen), einen kranken Mann, einen toten Mann und einen Asketen.*

Im Alter von 29 Jahren – es war kurz nach der Geburt seines ersten Sohnes – beschloss Siddhartha, den Palast auch einmal zu verlassen. Er ging auf Wanderschaft und sah nun zum ersten Mal, dass es auch Leid gibt. Der Legende nach sah Siddhartha einen alten Mann, einen kranken Mann, eine Leiche und einen Wandermönch, der in Enthaltsamkeit (das nennt man auch Askese) lebte. Siddhartha erkannte, dass diese vier Realitäten (Alter, Krankheit, Tod und Schmerz) zum echten Leben gehörten, und dass auch Reichtum davor nicht zu schützen vermag.

*Bevor Siddhartha Bodhi erlangte, lebte er in Askese.*

Darum beschloss Siddhartha, einen Weg aus dem Leid für alle Menschen zu finden.

Er verließ seinen Palast, lebte in Askese und dachte über das Leben nach. Besonders beschäftigten ihn Fragen über das Leiden der Menschen, dessen Ursache er in jeder Art von Gewalt und Gier nach Macht oder Besitz sah. Nachdem er sechs Jahre lang in Enthaltsamkeit gelebt hatte, erlangte er unter einer Pappelfeige das sogenannte Bodhi – das bedeutet so viel wie „Erleuchtung“.

Von diesem Tag an reiste er als Buddha herum und verkündete die buddhistische Lehre: den Dharma, der ethische und religiöse Verpflichtungen umfasst. Er sprach vor Menschen aller Gesellschaftsschichten, denn Buddha lehnte die Unterscheidung der Menschen nach sozialen Gruppierungen ab. Allen Männern und Frauen, die ihn verstehen wollten, stand der Weg, den Buddha lehrte, offen. Übrigens war Siddhartha selbst Hinduist. Den Dharma gibt es nämlich auch im Hinduismus.

Mit dem vermuteten Tod von Buddha im Alter von 80 Jahren beginnt die buddhistische Zeitrechnung – im Jahr 544 v. Chr.

## Das Gotteshaus der Buddhisten: Der buddhistische Tempel

Der Ort der buddhistischen Religion ist der buddhistische Tempel. In dessen Zentrum befindet sich immer ein Heiligtum, etwa eine Buddhastatue. Oft dienen Tempel auch als Kloster von buddhistischen Mönchen. Buddhist kann jeder werden, der sich frei dazu entscheidet. Wer an die drei Juwelen glaubt, kann sich als Buddhist bezeichnen. Die drei Juwelen sind Buddha, der Dharma und das Sangha – das ist die Gemeinschaft der Buddhisten. Im Buddhismus gibt es heilige Silben oder Sätze, sogenannte Mantras, die wiederholt oder gesungen werden.

*Feste Zeiten, zu denen wir in den Tempel gehen müssen, gibt es bei uns nicht. Wir haben einen kleinen Hausaltar zu Hause. Meine Familie und ich gehen aber jedes Jahr zum Fest der Familie in den Tempel. Das finde ich nett, weil man dort auch andere Buddhisten trifft. Außerdem gibt es eine bunte Bühnenshow, bei der getanzt und gesungen wird.*

Der Dalai Lama wird im tibetischen Buddhismus als Bodhisattva verstanden, als erleuchtetes Wesen. Wie der Papst der Christen wird er ebenfalls nach einer gewissen Zeit gegen einen neuen eingetauscht. Der Dalai Lama setzt sich für die Verständigung zwischen den Völkern ein und lehnt jede Form von Gewalt ab. Der heutige 14. Dalai Lama Tenzin Gyatso (auf dem Bild rechts zu sehen) erhielt 1998 den Friedensnobelpreis. Ein Dalai Lama gilt immer als Reinkarnation (das bedeutet Wiedergeburt) eines zuvor verstorbenen Dalai Lama. Wenn der Dalai Lama stirbt, geht die aufwendige Suche nach seiner Reinkarnation los. Der heutige Dalai Lama wurde von mehreren Mönchen gefunden und bekam dann eine strenge Ausbildung in einem Kloster.

*Der 14. Dalai Lama Tenzin Gyatso*

## Die Heilige Schrift des Buddhismus

Die Buddhisten haben viele Heilige Bücher, aber eigentlich ist im Buddhismus nur das Buddhawort heilig, also alles, was Buddha Gautama jemals gesagt hat. Seine Lehren wurden in 108 Bänden gesammelt. Die älteste Schrift über Buddha heißt Tripitaka. Darin steht viel über das Leben von Buddha. Außerdem enthält das Buch Regeln für das Leben im Kloster und den Dharma, das von Buddha verkündete Daseinsgesetz.

*Thailändischer Pali-Kanon, älteste zusammenhängend überlieferte Sammlung von Lehrreden des Buddha Siddhartha Gautama*

## Der buddhistische Glaube im Alltag

Buddhisten glauben, dass sie, wenn sie vorbildlich leben, ein gutes Karma bekommen und das nächste Leben dann besser wird als das letzte. Einfach ausgedrückt lautet das Motto der Buddhisten also: Tue viel Gutes, dann wird dir auch viel Gutes passieren. Damit sie das im Alltagstrubel nicht vergessen, meditieren Buddhisten. Bei der Meditation werden verschiedene Konzentrations- und Achtsamkeitsübungen durchgeführt, um sich zu sammeln. Meditation ist gut für den ganzen Körper und die seelische Verfassung, darum haben sie inzwischen viele Menschen auf der ganzen Welt die für sich entdeckt.

*Ein buddhistisches Mädchen meditiert im Park.*

*Wir meditieren zu Hause, um innere Ruhe zu finden, und vertiefen uns im Dharma. Nach der Meditation reden ich und meine Familie über die Dinge, die wir vor unserem inneren Auge gesehen haben. Das gefällt mir besonders, denn ich fühle mich dann immer sehr friedlich und geborgen.*

Das Wichtigste im Buddhismus sind die drei Juwelen Buddha (das Ideal der Erleuchtung), die Sangha (die Gemeinschaft aller, die Erleuchtung anstreben) und den Dharma (die Lehren und Praktiken, die zur Erleuchtung führen). Im Buddhismus beinhaltet der Dharma die Vier Edlen Wahrheiten:

1. *Das Leben in seinem Kreislauf des Daseins ist voller Leid.*
2. *Leid entsteht durch Begehren.*
3. *Durch das Aufheben des Begehrens kommt alles Leid zum Erlöschen.*
4. *Zum Erlöschen des Leidens führt der sogenannte Edle Achtfache Pfad.*

**Der Achtfache Pfad**

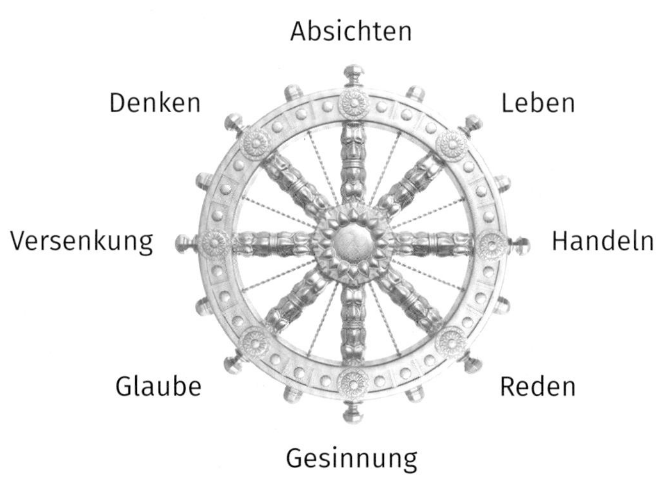

Der Achtfache Pfad ist die Grundlage für das Symbol des Buddhismus, denn er gibt die Anleitung zum Erreichen des Nirwana (das bedeutet „Erlöschen"). Das Nirwana ist die Erlösung vom Kreislauf des Leidens und der Wiedergeburten. Jeder Buddhist versucht, alle acht Komponenten zugleich zu beachten. Sie gehören ja auch irgendwie alle zusammen – zum Beispiel kann jemand nur richtig reden, wenn er auch darauf achtet, richtig zu handeln. Richtig handeln wiederum kann nur, wer die rechten Absichten hat, und so weiter.

*Ich versuche im Alltag so oft wie möglich, mich an den Achtfachen Pfad zu halten. Dadurch habe ich das Gefühl, mich richtig zu verhalten.*

## Der Buddhismus – Gegenstände und Symbole

Das bekannteste Symbol des Buddhismus ist das Dharma-Rad. Seine acht Speichen erinnern an den Achtfachen Pfad. Das Rad selbst symbolisiert, dass Buddha sozusagen das Rad der Lehre in Bewegung setzte.

Der Tempel ist ein besonders wichtiger Ort für Buddhisten. Dort stehen meist viele verschiedene Buddhastatuen. Vor ihnen legen die Gläubigen Opfergaben ab, meditieren oder rezitieren Mantras. Viele Buddhisten besitzen aber auch einen Hausaltar mit einer Buddhastatue.

Den lachenden Mann mit Glatze und rundem Bauch auf dem Bild links halten viele für Buddha, doch das stimmt nicht. Das ist Budai – eine berühmte Figur aus der chinesischen Volksreligion und ein Glücksbringer. Er wird manchmal auch als Glücksbuddha oder Happy Buddha bezeichnet. Die Statuen von Buddha Gautama sehen aber eher aus wie auf dem rechten Bild.

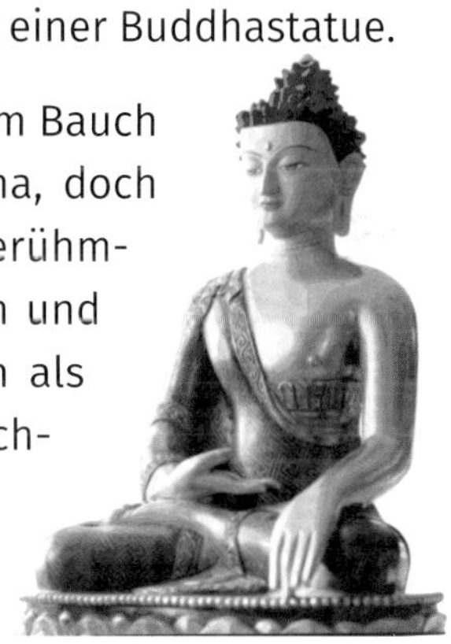

Auch im Buddhismus gibt es eine Gebetskette: die Mala. Ihre 108 Perlen stehen für die 108 gesammelten Lehren Buddhas. Die Buddhisten benutzen sie zum Beispiel während der Meditationen zum Zählen von Mantras.

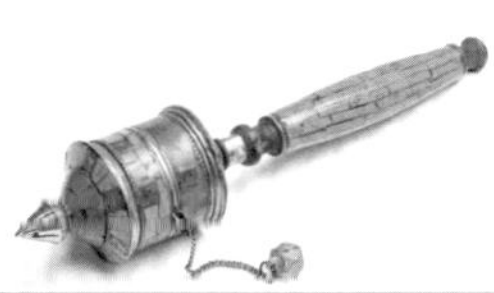

Hier siehst du eine Gebetsmühle. Gebetsmühlen sind kleine Walzen, die auf einer Papierrolle aufgedruckte Mantras enthalten. Die Buddhisten drehen sie, um Geist und Körper in Einklang zu bringen.

*Pagode des Tempels Hōryū-ji (Japan)*

Der Legende nach zogen die Jünger Buddhas nach seinem Tod los, um seine Asche als Reliquien an verschiedenen Orten in Indien zu bestatten. Über jedem Bestattungsplatz bauten sie kuppelartige Grabmale, die sogenannten Stupas. Davon gibt es heute viele: von der kleinen für den Hausgebrauch bis zur Riesen-Stupa ist alles vertreten. Die Buddhisten in China, Japan und Korea bauten Pagoden mit vielen übereinander liegenden Dächern, um Reliquien aufzubewahren.

*In der Stupa Wat Chang Lom in Thailand soll es eine Reliquie geben.*

Die Lotusblume ist eines der wichtigsten Symbole des Buddhismus. Sie wächst aus dem Schlamm der Sonne entgegen. Deshalb steht sie für geistiges Wachstum.

Das Mandala (ein auf ein Zentrum gerichtetes Schaubild) rechts besteht aus farbigem Sand. Tibetanische Mönche arbeiten oft stunden-, tage- oder sogar wochenlang daran, bis sie es mit einem Windstoß in einer Sekunde verwehen. Diese Übung symbolisiert die Vergänglichkeit des Lebens und steht für die Entsagung von der materiellen Welt.

*Buddhisten versuchen, sich von der materiellen Welt abzuwenden, weil alles darin ohnehin vergänglich ist. Für mich bedeutet das, auf die Dinge zu achten, die wichtiger sind als materielle Besitztümer – zum Beispiel Gesundheit, Zeit, Liebe oder Freundschaft. Wenn ich darüber nachdenke, empfinde ich eine tiefe Dankbarkeit.*

In buddhistischen Tempelanlagen kann man unzählige bunte Gebetsfahnen im Wind flattern sehen. Auf jeder einzelnen davon stehen Mantras. Die Fahnen sollen die Gebete in den Himmel tragen und Glück in die ganze Welt verteilen.

## Buddhistische Feste

Im Buddhismus stehen die Feste in Verbindung mit Buddhas Leben. Das wichtigste ist das Vesakh-Fest, an dem die Geburt, das Erwachen und der Eingang ins Nirwana Buddhas gefeiert werden. An diesem Tag ziehen viele Buddhisten weiße Gewänder an und schmücken die Tempel. In Nepal sind dann alle Geschäfte geschlossen.

*Eine Buddhistin zündet zum Vesakh-Fest in München Räucherstäbchen an.*

Das Blumenfest Songkraan findet im April zu Ehren der Geburt Buddhas statt. Es heißt nämlich, Buddha sei in einem Garten voller Blumen geboren worden. Am Blumenfest wird

parfümiertes Wasser über die Buddhastatuen geträufelt und die Kinder bespritzen Passanten damit.

Bei Vollmond im August feiern Buddhisten in Sri Lanka zu Ehren Buddhas das Fest Peharera. Dazu tragen bunt gekleidete Tänzer feierlich eine Urne mit Reliquien Buddhas durch die Straßen der Stadt Kandy. Das Fest dauert ganze zehn Tage.

*Ein allgemeingültiges Fest wie Weihnachten oder Ostern gibt es bei uns nicht. Bei mir zu Hause feiern wir aber trotzdem Weihnachten. Ich finde es schön, dass unsere Religion so offen ist. Dadurch fühle ich mich einerseits sicher und andererseits auch frei.*

*Ich finde diese Offenheit auch gut. Durch sie fühle ich mich verpflichtet, die Verantwortung für mein eigenes Handeln zu übernehmen.*

## Die großen buddhistischen Feste im Leben

Auch im Buddhismus gibt es Bräuche, die das Zusammengehörigkeitsgefühl der Buddhisten stärken. Einer davon ist, dass sich Eltern nach der Geburt ihres Kindes von einem Mönch beraten lassen, um dem Kind einen Namen zu geben. Der Name soll schön sein, aber auch eine buddhistische Bedeutung haben.

Wenn sie älter werden, gehen manche buddhistischen Männer als Mönche in ein Kloster. Dort sollen sie reifer werden und sich auf das Leben vorbereiten. Einen Tag vorher werden dem Mann dazu die Haare geschoren und er bekommt ein weißes Gewand. Am nächsten Tag wird er dann drei Mal um den Tempel getragen. Wenn er von den anderen Mönchen als Mönch anerkannt wird, bekommt er die gelbe Mönchsrobe, und die Ausbildung kann beginnen. Mönche sind im Buddhismus sehr wichtig. Sie stehen als Berater zur Seite, zum Beispiel beim Hausbau. Auch auf ihren Segen wird sehr viel Wert gelegt – etwa bei einer Eheschließung.

# Der Achtfache Pfad

**1 Vervollständige das Bild, indem du die Acht Pfade um das Rad herum einträgst. Erkläre anschließend kurz, was mit dem Achtfachen Pfad gemeint ist.**

**2 Das bedeutet der Achtfache Pfad:**

# Meditation

Dazu brauchst du mindestens fünf Minuten Meditationsmusik oder eine Aufnahme von beruhigenden Geräuschen (zum Beispiel indische Musik, Mönchsgesang, Indianergesang, Walgesang, Wellenrauschen oder Ähnliches).

**1 Führe eine Minimeditation durch.**

Setz dich dazu auf deinem Stuhl oder dem Sitzkissen bequem hin, und zwar so, dass dein Rücken gerade ist. Wenn die Musik beginnt, fängt die Meditation an.

Schließe dazu die Augen und atme entspannt durch die Nase ein und aus. Spüre, wie deine Bauchdecke sich hebt und senkt und die Luft durch die Nasenlöcher strömt. Beobachte deinen Atem.

Du kannst auch langsam bis zehn zählen. Atme ein bei eins, zwei, drei und vier, halte die Luft an bei fünf und sechs, und atme aus bei sieben, acht, neun und zehn. Beginne dann wieder bei eins mit dem Einatmen.

Wenn die Musik zu Ende ist, kannst du dich zum Abschluss noch strecken und herzhaft gähnen, das entspannt so schön.

**2 Erkläre, warum Buddhisten meditieren.**

**3 Macht eine Umfrage unter erwachsenen Menschen zum Thema: Was tun sie, um sich zu sammeln und klar im Kopf zu werden? Meditieren sie oder machen sie etwas anderes?**

**4 Suche dir einen Diskussionspartner. Diskutiert die Frage, ob es sinnvoll ist, in der Pause (zum Beispiel in der Schule oder bei der Arbeit) zu meditieren.**

**5 Stellt eure Ergebnisse eurer Klasse vor.**

# Diskussion

**1 Suche dir einen Partner und diskutiere mit ihm über die folgende Behauptung:**

*Mit Gelassenheit kann man die Ursachen für Leid in der Welt verringern.*

Macht euch Notizen zu euren Überlegungen.

**2 Im Buddhismus gibt es keinen bestimmten oder personenartigen Gott. Könnt ihr verstehen, was Buddhisten an ihrer Religion besonders wichtig ist?**

Überlegt euch ein Schlagwort dazu.

**3 Gestaltet ein Kunstwerk eurer Wahl zu eurem Schlagwort.**

Hier ist Platz für eure Planung.

# Mandala

**1 Male das Mandala aus.**

Wenn du möchtest, kannst du währenddessen Entspannungsmusik hören. Du kannst auch gerne noch etwas dazu malen.

**2 Buddhistische Mönche stellen oft Mandalas aus Sand her und verwischen sie danach gleich wieder. Erkläre: Was wollen sie damit ausdrücken?**

# Der Hinduismus

*Wir sind Suri und Amar und gehören dem Hinduismus an. Daran mögen wir besonders die Feste, denn sie sind etwas Besonderes. Aber auch im Alltag gefällt uns unsere Religion, denn sie gibt uns ein Gefühl von Geborgenheit. Wir können immer zu Gott beten, wenn wir möchten.*

Der Hinduismus hat weltweit etwa 1,1 Milliarden Anhänger, die sich Hindus nennen. Ursprünglich kam der Hinduismus aus Indien, wo auch heute mehr als 80 Prozent der Menschen Hindus sind.

## Der hinduistische Glaube

Der Hinduismus ist eine besondere Religion: Er vereint verschiedene Glaubensrichtungen in sich. Es gibt also keine einheitlichen Regeln und Rituale, die für alle gelten. Im Hinduismus gibt es auch nicht einen einzigen Gott, sondern über drei Millionen Göttinnen und Götter. Jeder Hindu kann sich selbst einen oder mehrere davon aussuchen. Die meisten verehren aber eine der Gottheiten Shakti, Vishnu und Shiva als Hauptgott. Darum heißen die drei Hauptrichtungen des Hinduismus auch Shaktismus, Vishnuismus und Shivaismus. Die Gottheiten haben viele verschiedene Namen, die sich jeweils auf ein bestimmtes Merkmal beziehen.

*Hier siehst du Bildnisse der Gottheiten Shakti, Vishnu und Shiva.*

Die Götter werden im Hinduismus sehr unterschiedlich dargestellt, und alles, was mit ihnen abgebildet wird, hat eine Bedeutung. Shiva hat zum Beispiel oft ein blaues Zeichen am Hals. Das bezieht sich darauf, dass er der Erzählung nach mal ein Gift getrunken hat, das drohte, die Welt zu zerstören, und das seinen Hals blau färbte. Die vielen Arme von Vishnu drücken die vielen kosmischen Fähigkeiten aus, und so weiter.

Ein weiterer hinduistischer Gott ist Ganesha, der elefantenköpfige Gott, der Beschützer der Kinder. Er ist ebenfalls eine sehr beliebte hinduistische Gottheit. Ganesha hat mehrere Namen, die vor jeder schwierigen Arbeit oder Herausforderung und zu Beginn der Gottesverehrung aufgesagt werden. Links siehst du eine Ganeshastatue.

## Das Gotteshaus der Hindus: Der Hindutempel

Das Gotteshaus der Hindus ist der Hindutempel. Hier können sie mit ihrem jeweiligen Gott in Verbindung treten. Sie müssen es aber nicht, denn es gibt auch sehr fromme Hindus, die niemals in den Tempel gehen. Die Gebete der Hindus heißen Pujas. Sie werden meist morgens vor dem Hausaltar gesprochen. Die religiösen Lehrer der Hindus sind die Gurus. Sie ziehen oft von Ort zu Ort, um den Gläubigen aus religiösen Schriften vorzulesen.

*Der Jagannath-Tempel in Puri ist einer der bedeutendsten Vishnutempel in Indien.*

*Wir können jederzeit zu Gott beten. Ich bete oft, zum Beispiel wenn ich dankbar oder auch traurig bin, oder wenn ich ein schlechtes Gewissen habe. Der Gedanke, dass immer jemand da ist, dem ich einfach alles erzählen kann, macht mich sehr glücklich.*

*Ich gehe jeden Samstag in den Tempel, um zu beten. Zu Hause bete ich auch jeden Tag. Mir ist es wichtig, diese festen Rituale zu haben.*

## Die Heilige Schrift des Hinduismus

Eine verbindliche Heilige Schrift gibt es im Hinduismus nicht. Allerdings gibt es zahlreiche Schriften, nach denen sich die verschiedenen Hindu-Gruppen richten. Die ältesten und wichtigsten Schriften sind die sogenannten Veden: uralte Texte über Götter, Rituale und Lieder, die schon seit Jahrtausenden weitergegeben wurden. Der älteste Teil dieser Sammlung ist die Rigveda, eine Sammlung von 1028 (nach anderen Zählungen 1017) Hymnen, eingeteilt in zehn Bücher, die Mandalas (Liederkreise) genannt werden. Bemerkenswert ist ihr Alter (sie entstanden vermutlich in der zweiten Hälfte des zweiten Jahrtausends v. Chr.) und dass sie mündlich verfasst und über mindestens drei Jahrtausende auch mündlich überliefert worden sind.

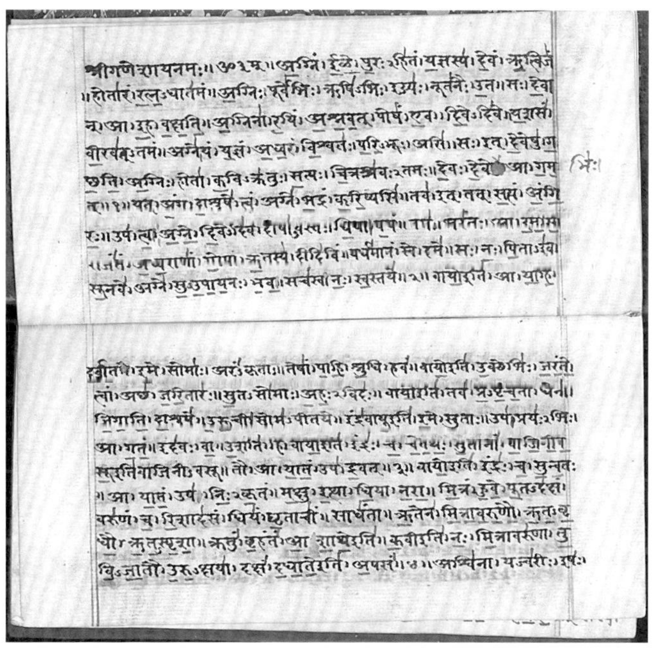

*Ausschnitt der Rigveda in Sanskrit*

## Der Hinduismus – Gegenstände und Symbole

In fast jedem hinduistischen Haushalt findet man einen Altar mit einer oder mehreren Götterfiguren. Zur allmorgendlichen Puja und während des Lichterfestes entzünden viele Hindus eine Öllampe, die Diya.

*Indischer Hausaltar*

*Diya mit Om-Schriftzeichen*

Außerdem gibt es bei den Hindus eine sehr wichtige Silbe, die heilig ist: Om (auch als Aum ausgesprochen). Om steht für den Urklang, aus dem einmal das ganze Universum entstanden sein soll. In indischen Schriften wird sie mit dem über der Diya abgebildeten Zeichen dargestellt, das meist als Symbol des Hinduismus gilt.

## Der hinduistische Glaube im Alltag

Trotz der Vielfalt im Hinduismus gibt es auch einige Dinge, an die alle Hindus glauben – zum Beispiel an die Wiedergeburt. Als was man im neuen Leben wiedergeboren wird, hängt wie bei den Buddhisten vom Karma ab. Genau wie im Buddhismus ist es auch hier möglich, den Kreislauf zu verlassen, und zwar durch Moksha (Erlösung). Es ist das höchste Ziel eines Hindus. Ananda (vollkommene Glückseligkeit) erreicht man, wenn man an der göttlichen Kraft des Universums, dem Brahman, teilhat. Doch dazu muss man alle schädlichen Eigenschaften wie Egoismus, Neid und Angeberei ablegen. Erst dann ist man wirklich frei und kann seinen inneren Frieden finden. Meditation und Yoga helfen dabei, denn bei diesen Übungen lernt man, sich ganz auf sich selbst zu konzentrieren und Körper und Geist zu beherrschen.

*Zu Hause meditiere ich manchmal, und ich mache Yoga mit Freunden und meiner Familie. Dann fühle ich mich immer ganz frisch und ausgeruht. Außerdem mag ich es, etwas gemeinsam zu unternehmen.*

*Mahatma Gandhi*

Früher galt in Indien das Kastensystem: Dieser alten Vorstellung nach wird jeder Mensch in eine Kaste geboren, der er dann sein ganzes Leben lang angehört. Die Kaste bestimmt, welchen Beruf der Mensch ausüben darf und wie angesehen er ist. Der bekannteste Kämpfer gegen dieses veraltete System war Mahatma Gandhi (1869-1948).

Für alle Hindus ist Rindfleisch absolut tabu, denn Kühe (in Indien sind sie meist weiß) gelten als heilige Tiere. Kühe dürfen nicht verjagt werden, wenn sie auf der Straße liegen – selbst wenn es dann Stau gibt. Meist sind Hindus (wie auch viele Buddhisten) ohnehin Vegetarier oder Veganer, weil sie das Essen von Tieren als Unrecht ansehen und kein Lebewesen ausbeuten möchten. Sie leben nach dem Motto: „Man sollte sich anderen gegenüber niemals so verhalten, wie es für einen selbst unangenehm wäre“.

*Bei uns zu Hause ernähren wir uns nach der Lehre des Ayurveda. Das bedeutet zum Beispiel, dass wir kein Fleisch und keine Eier essen. Im Alltag habe ich damit überhaupt keine Schwierigkeiten. Ich finde es gut, mich gewaltlos zu ernähren.*

*Wenn eine Kuh es sich irgendwo bequem macht, darf sie nicht verscheucht werden.*

Eine weitere Regel für jeden Hindu ist, dass er einmal im Leben zum heiligen Fluss Ganges pilgern und sich darin waschen soll. Die Hindus glauben, dass sie dadurch von ihrer Schuld befreit werden. Viele wollen auch am Ganges sterben. Ihre Asche soll dann in den Fluss gestreut werden, so dass sie Teil des ewigen Wasserkreislaufs werden.

## Hinduistische Feste

Die meisten hinduistischen Feste richten sich nach dem Mondlauf. Die Geburtstage der vielen Götter bieten außerdem natürlich reichlich Anlass zu feiern. Mit dem vier Tage langen Makar Sankranti feiern die Hindus die Ernte. Sankranti, die Wintersonnenwende, ist nach alter Hindutradition ein Segen bringender Zeitabschnitt. Ungefähr Mitte Januar feiern viele Hindus den Tag des Glücks. Dann lassen die Kinder Drachen steigen.

Mit dem großen Frühlingsfest Holi gedenken die meisten Hindus in Nordindien des Gottes Krishna und seines Sieges über den Winterdämon Holika. Die Hindus in Südindien feiern an diesem Tag den Gott Kama, den Gott der Liebe. Holi dauert mindestens zwei, in manchen Gegenden Indiens bis zu zehn Tage an. Während dieser Zeit sind viele Regeln der Hindus aufgehoben. Die Kinder bewerfen sich mit Farbpulver und bespritzen sich mit buntem Wasser. Es ist ein äußerst buntes Treiben. Darum nennt man Holi auch das Fest der Farben.

*Mein Lieblingsfest ist Diwali – da gibt es Geschenke und bei uns zu Hause werden überall Lichter aufgestellt. Nach den Feiertagen fühle ich mich immer ganz glücklich, weil ich meine Freunde und Verwandten gesehen und eine schöne Zeit mit ihnen verbracht habe.*

*Während der Feiertage kommt immer so eine festliche Stimmung auf – das mag ich. Dann ist alles mal ganz anders als im Alltag, und alle sind besonders gut gelaunt. Außerdem wird viel gebetet.*

Im Spätherbst wird das Lichterfest Diwali zelebriert. Dann ist alles mit Girlanden, Lichterketten und Kerzen geschmückt. Dazu gibt es Feuerwerke. Mit diesem Fest sollen die Seelen der Verstorbenen den Weg in den Himmel finden. Es ist das Fest des Sieges vom Licht über die Finsternis, vom Guten über das Böse.

# Tika

*Um sich mit Gott zu verbinden, gehen Hindus manchmal zur Andacht und tragen dazu religiöse Körperzeichen: die Tika. Diese Zeichen können zum Beispiel aus Pulverfarbe oder aus einer Farbpaste bestehen. Die Formen der Tika hängen davon ab, welche Gottheit man anbeten möchte.*

*Wenn jemand zum Beispiel Vishnu verehrt, trägt er ein Zeichen, das aussieht wie ein „U". Jemand, der Gottes weibliche Form durch Shakti anbetet, trägt einen roten Punkt, und so weiter. Die Zeichen können auf der Stirn, an den Armen oder auf den Händen getragen werden.*

**1 Recherchiere im Internet nach Bildern der religiösen Zeichen.**

Hilfreiche Schlagwörter können „Tika", „Tikala" und „Hindu" sein.

**2 Fertige Zeichnungen von den Tika an, die du gefunden hast.**

Du kannst auch ihre Namen oder ihre Bedeutung dazuschreiben.

**3 So etwas wie Tika gibt es in allen Religionen und darüber hinaus: Zeichen, die eine Verbindung zu dem symbolisieren, was einem Menschen sehr wichtig ist. Was ist dir selbst besonders wichtig?**

Überlege dir ein Symbol dazu und zeichne es zuerst auf die Hand auf dem Arbeitsblatt.

**4 Wenn du mit deinem Zeichen zufrieden bist, kannst du es auf deinen eigenen Handrücken malen.**

Am besten lässt du dir dabei von einem Partner helfen.

**Dieses Zeichen steht für meine Verbundenheit mit etwas oder jemandem, das mir in meinem Leben besonders wichtig ist:**

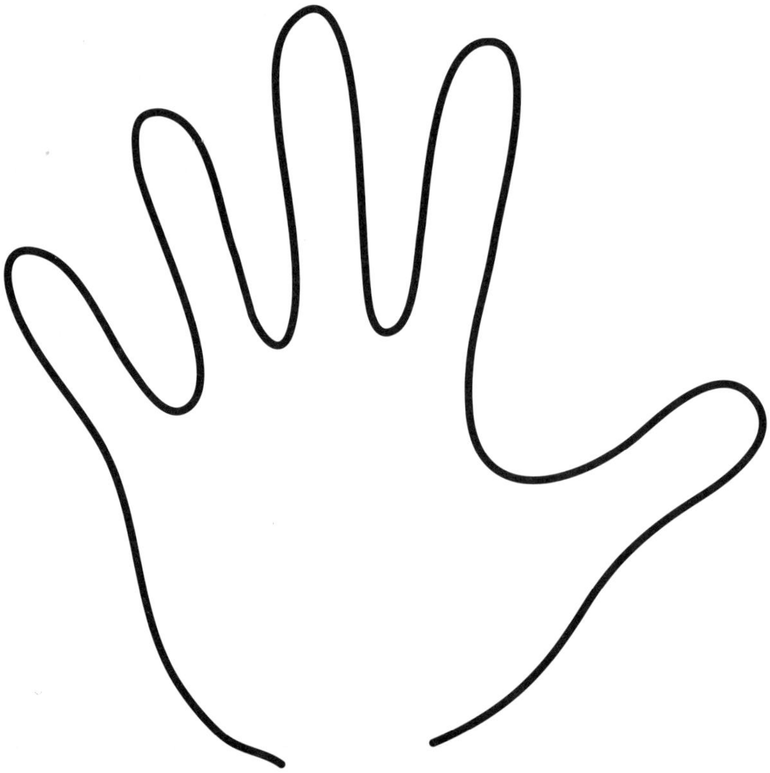

# Hinduistische Gottheiten

**1 Stell dir vor, ein Freund fragt dich in einem Internetforum, welchen Gott die Hindus anbeten.**

Er hat außerdem folgende drei Bilder gepostet. Antworte ihm.

**2 Erkläre: Was ist der größte Unterschied zwischen Hinduismus und Buddhismus?**

# Karma und Kühe

**1 Erkläre, was mit dem Begriff Karma gemeint ist.**

**2 Kühe sind im Hinduismus heilig und dürfen nicht gegessen werden. Hindus und Buddhisten sind ohnehin meist Vegetarier. Erkläre, wie das mit der Bedeutung von Karma zusammenhängen könnte.**

# Was gehört dazu?

Welche dieser Begriffe haben etwas mit dem Hinduismus zu tun? Kreuze an:

| Gegenstand/Brauch/Symbol/Gottheit | gehört zum Hinduismus | gehört nicht zum Hinduismus |
|---|---|---|
| Kruzifix | | |
| Shiva | | |
| Vishnu | | |
| Jesus | | |
| Shakti | | |
| Koran | | |
| Bat Mitzwa | | |
| Holi | | |
| Tempel | | |
| Dharma | | |
| Karma | | |
| Abraham | | |
| Om | | |
| Rigveda | | |
| Moksha | | |
| Menora | | |
| Dreifaltigkeit | | |

# Religions-Steckbrief

**Wähle eine Religion und fülle dazu den Steckbrief aus.**

*Symbol der Religion*

## Steckbrief: ..........................................

*Name der Religion*

## Symbol

Das bedeutet das Symbol: ..........................................

..........................................

..........................................

## Verbreitung

Die Religion hat weltweit etwa .......................................... Anhänger.

Die Religion ist am meisten in ..........................................verbreitet.

In unserer Klasse gehören .......................................... dieser Religion an.

## Gott

Ist die Religion monotheistisch oder polytheistisch? ..........................................

Der Gott oder die Götter heißen ..........................................

## Glaubensstätten

Das Gebetshaus der Religion heißt ..........................................

In jedem Gebetshaus dieser Religion gibt es ..........................................

..........................................

Welche heiligen Orte gibt es in dieser Religion? ..........................................

..........................................

## Geistliche Personen

Die Geistlichen, die in den Gotteshäusern arbeiten, heißen ..........................................

..........................................

Das Oberhaupt der Religion ist ..........................................

Durch wen entstand die Religion der Legende nach? ..........................................

..........................................

..........................................

## Heilige Schrift

Die wichtigste Heilige Schrift dieser Religion ist ..................................................................................

Was weißt du über diese Heilige Schrift? ..................................................................................

..................................................................................

..................................................................................

..................................................................................

## Feiertage und Feste

Das wichtigste Fest in dieser Religion ist ..................................................................................

Andere Feste sind ..................................................................................

..................................................................................

..................................................................................

Diese Feste sind im Leben der Gläubigen wichtig: ..................................................................................

..................................................................................

..................................................................................

## Regeln für das Leben

Diese Regeln oder Gebote sind für die Anhänger der Religion wichtig: ..................................

..................................................................................

..................................................................................

..................................................................................

..................................................................................

Im Alltag müssen die Gläubigen darauf achten, dass ..................................................................................

..................................................................................

..................................................................................

..................................................................................

..................................................................................

## Sonstiges

Das sollte man zu der Religion noch wissen: ..................................................................................

..................................................................................

..................................................................................

..................................................................................

# Das Interview

Ein Fernsehsender möchte einen Beitrag zu den Weltreligionen senden. Da es sich herumgesprochen hat, dass du auf diesem Gebiet ein Experte bist, wurdest du dazu eingeladen.

Jeder von euch kann nun einmal in die Rolle des Interviewers und in die des Interviewten schlüpfen. Der Interviewer weiß jedoch vorher nicht, welcher Religion der Interviewte angehört – das muss er am Ende des Interviews (aber nicht vorher!) erraten.

**1 Suche dir eine der fünf Weltreligionen aus, der du im Interview angehören möchtest.**

**2 Sieh dir den Interview-Leitfaden an, um sicherzugehen, dass du alle Fragen beantworten kannst. Mach dir eventuell Stichpunkte zu den einzelnen Fragen.**

**Interview-Leitfaden**

1. Wie alt ist Ihre Religion ungefähr?
2. Praktizieren Sie bestimmte religiöse Rituale?
3. Gibt es Regeln, an die Sie sich aufgrund Ihrer Religion halten müssen?
4. Woran glaubt man in Ihrer Religion?
5. Gibt es einen Propheten in Ihrer Religion?
6. Wie heißt Ihr Gebetshaus?
7. Welches Symbol kennzeichnet Ihre Religion?
8. Gehört zu Ihrer Religion eine Heilige Schrift?
9. An welchen Gott glauben Sie?

Notizen: ______________________________

______________________________

______________________________

______________________________

______________________________

______________________________

**3 Suche dir einen Partner. Interviewt einander mithilfe des Interview-Leitfadens. Wenn ihr weitere Fragen habt, könnt ihr diese ebenfalls stellen.**

**4 Am Ende des Interviews rät der Interviewer, welcher Religion der Interviewte angehört. Wenn er richtigliegt, werden die Rollen getauscht.**

# Religion: Was mir wichtig ist

**1 Denke noch einmal über die fünf Weltreligionen nach. Schreibe dann auf, was dir am wichtigsten an den einzelnen Religionen erscheint.**

Judentum: ..................................................................................................

..................................................................................................

..................................................................................................

..................................................................................................

..................................................................................................

Christentum: ..................................................................................................

..................................................................................................

..................................................................................................

..................................................................................................

..................................................................................................

Islam: ..................................................................................................

..................................................................................................

..................................................................................................

..................................................................................................

..................................................................................................

Buddhismus: ..................................................................................................

..................................................................................................

..................................................................................................

..................................................................................................

..................................................................................................

Hinduismus: ..................................................................................................

..................................................................................................

..................................................................................................

..................................................................................................

..................................................................................................

**2 Was ist deiner Meinung nach der wichtigste Sinn jeder Religion? Vervollständige den Satz:**

Für mich geht es in einer Religion vor allem darum, ..................................................................................................

..................................................................................................

# Gespräch unter Freunden

Stell dir vor, Ben, Dina, Anna, Phillip, Tarik, Yeliz, Maya, Sam, Amar und Suri kommen in deine Klasse, um mit dir ein Gespräch zu führen. Wähle ein Gesprächsthema, das mit Religion zu tun hat (zum Beispiel „Gott", „Beten", „Regeln" oder „Zusammengehörigkeit"). Recherchiere, was die Jugendlichen dazu sagen würden, und schreibe es in die Sprechblasen. Schreibe auch deine eigene Meinung dazu.

**Ich**

# Fishbowl

**1 Diskutiert nach der Fishbowl-Methode über das folgende Thema. Ihr könnt die Stichwörter zur Hilfe nehmen, um die Diskussion in Gang zu bringen.**

Diskussionsthema: Welche Bedeutung hat Religion im Leben religiöser Menschen?

Mögliche Stichwörter: in eine Religion hineingeboren werden, Regeln, Orientierung, Verantwortungsbewusstsein, Moralvorstellungen, Sicherheit, Geborgenheit, Frieden, Glück, Freiheit, Sinn des Lebens, Gemeinschaft, Lebenshilfe, ...

*Die Fishbowl-Methode*

*Bei dieser Diskussionsmethode diskutiert eine kleine Gruppe im Innenkreis, während die restlichen Teilnehmer in einem Außenkreis die Diskussion beobachten. Ein Stuhl im Innenkreis bleibt frei: Dies ist der Gaststuhl. Ein Teilnehmer aus dem Außenkreis kann darauf Platz nehmen und mitdiskutieren, bis er seine Meinung gesagt hat.*

*Weitere Regeln: Nur die Teilnehmer im Innenkreis reden, Seitengespräche sind nicht erlaubt. Teilnehmer im Innenkreis können ihn jederzeit wieder verlassen. Dann wird ein Stuhl für jemanden aus dem Außenkreis frei. Ein Moderator unterstützt den Ablauf der Diskussion.*

**2 Findest du, dass man jedem Menschen seinen eigenen Glauben zugestehen und ihn diesen ausleben lassen sollte, auch wenn man selbst etwas anderes glaubt und lebt?**

Begründe deine Antwort.

# Theater

**Entwerft mit der gesamten Klasse ein Theaterstück zum Thema Religionsfreiheit.**

# Das Weltreligionen-Kreuzworträtsel

In allen Religionen ist dies besonders wichtig:

| 1 | 2 | 3 | 4 | 5 | 6 | 7 | 8 | 9 | 10 | 11 | 12 | 13 |
|---|---|---|---|---|---|---|---|---|---|---|---|---|
| | | | | | | | | | | | | |

1 Die Anhänger des Judentums, des Christentums und des Islam glauben daran, dass ... der Begründer des monotheistischen Glaubens ist.

2 Im Islam heißt der Begründer des monotheistischen Glaubens ...

3 Abraham und ... trafen eine Vereinbarung.

4 Das Judentum ist die älteste ... Religion.

5 Das Gotteshaus der Juden heißt ...

6 Dieser siebenarmige Leuchter ist auch im israelischen Staatswappen zu sehen.

7 Dieser jüdische Feiertag beginnt am Freitagabend und endet Samstag bei Sonnenuntergang.

8 Die Thora erlaubt nur Speisen, die ... sind.

9 In der Thora gibt es eine Bauanleitung für eine ...

10 Der größte jüdische Feiertag ist das Versöhnungsfest, das ... heißt.

11 Jüdische Mädchen werden mit zwölf Jahren ... – das bedeutet „Tochter der Pflicht".

12 Die Christen glauben an ... als Sohn Gottes.

13 Die wichtigste Schrift des Christentums ist das ... der Bibel.

14 Das Gotteshaus der Christen heißt ...

15 Am ... ziehen die Christen mit Laternen durch die Straßen.

16 Der Rosenkranz dient als Hilfe für das katholische ...

17 Diese Person wird im Christentum besonders oft als Heilige dargestellt.

18 Zu diesem Anlass beträufelt der Pfarrer oder Priester jemanden mit Wasser.

19 Dieses Musikinstrument findet man in einer Kirche.

20 Im Islam heißt Gott ...

21 Muslime glauben an den Propheten ...

22 Wie heißt die Heilige Schrift des Islam?

23 Für Muslime gibt es Pflichten: die ... des Islam.

24 Wo steht die Kaaba?

25 Das Gebetshaus der Muslime heißt ...

26 Der ... ist der Geistliche des Islam.

27 Wer ruft die Muslime fünf Mal am Tag zum Gebet?

28 Buddhisten folgen den Lehren von ... Gautama.

29 Wie heißt die buddhistische Lehre?

30 Im Buddhismus beinhaltet der Dharma die ...

31 Im Buddhismus gibt es heilige Silben oder Sätze: die ...

32 Der höchste buddhistische Meister der Tibeter ist der ...

33 Die 108 Perlen der ... stehen für die 108 gesammelten Lehren Buddhas.

34 Buddhisten und Hindus versuchen vorbildlich zu leben, damit sie ein gutes ... bekommen.

35 Buddhisten und Hindus ..., um sich zu sammeln.

36 Das Gotteshaus der Hindus ist der ...

37 Die drei Hauptrichtungen des Hinduismus heißen Vishnuismus, Shaktismus und ...

38 Diese Tiere sind für Hindus heilig.

30 Einmal im Leben muss jeder Hindu zum heiligen Fluss ... pilgern.

40 Die Gebete der Hindus heißen ...

41 Der religiöse Lehrer der Hindus heißt ...

42 Dieses hinduistische Frühlingsfest nennt man auch das Fest der Farben.

43 Er war ein bekannter Kämpfer gegen das alte hinduistische Kastensystem.

·IV·
Wie heißt die Heilige Schrift des Judentums?
·V·
Benenne diesen Gegenstand:
·VI·
Wie viele Anhänger hat das Christentum weltweit?
·VII·
Erkläre kurz dieses Symbol:
·VIII·
Wie heißt das Gebetshaus der Christen?
·IX·
Wie heißt die Heilige Schrift des Christentums?
·X·
Benenne diesen Gegen-stand:
·XI·
Wie viele Anhänger hat der Islam weltweit?
·XII·
Erkläre kurz dieses Symbol:
·XIII·
Wie heißt das Gebetshaus der Muslime?
·XXIII·
Wie heißt das Gebetshaus der Hindus?
·XXIV·
Wie heißt die Heilige Schrift des Hinduismus?
·XXVI·
Nenne die abrahamitischen Religionen.
·XXVII·
Was tun Buddhisten und Hindus, um sich zu sammeln?
·XXVIII·
Welches Gebot kommt in jeder Weltreligion vor?

# DAS WELT-RELIGIONEN-SPIEL

START >>

Ihr würfelt abwechselnd und rückt eure Spielfiguren jeweils um die gewürfelte Augenzahl weiter. Jeder Spieler löst nun die Aufgabe, die auf dem jeweiligen Spielfeld steht. Schreibt die Lösungen mit der Aufgabennummer auf ein Extrablatt. Wenn der erste Spieler das Ziel erreicht, ist das Spiel vorbei. Prüfe nun, wie viele Aufgaben du richtig hattest. Pro richtiger Aufgabe gibt es einen Punkt. Wer die meisten Punkte hat, gewinnt. Viel Spaß!

·I·
Wie viele Anhänger hat das Judentum ungefähr?

·II·
Erkläre kurz dieses Symbol:

·III·
Wie heißt das Gebetshaus der Juden?

·XIV·
Wie heißt die Heilige Schrift des Islam?

·XV·
Benenne diesen Gegenstand:

·XVI·
Wie viele Anhänger hat der Buddhismus weltweit?

·XVII·
Erkläre kurz dieses Symbol:

·XVIII·
Wie heißt das Gebetshaus der Buddhisten?

·XIX·
Wie heißt die Heilige Schrift des Buddhismus?

·XX·
Benenne diesen Gegenstand:

·XXI·
Wie viele Anhänger hat der Hinduismus weltweit?

·XXII·
Erkläre kurz dieses Symbol:

·XXV·
Benenne diesen Gegenstand:

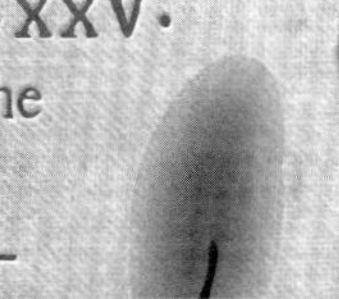

## 2. Abrahamitische Religionen

### Der Stammvater Abraham — Seite 9

Irak – Christentums – abrahamitische – abstammen – Juden – Gott – Monotheismus – Jahwe – Nachkommen – Isaak – Israel – Ibrahim

## 3. Das Judentum

### Bat Mitzwa oder Bar Mitzwa? — Seite 14

| Bat Mitzwa | Bar Mitzwa |
|---|---|
| 12. Geburtstag | 13. Geburtstag |
| gelten als Erwachsene | gelten als Erwachsene |
| Tochter der Pflicht | Sohn der Pflicht |
| es gibt ein Fest | es gibt ein Fest |
| alle Pflichten der Erwachsenen | alle Pflichten der Erwachsenen |
| religiös mündig | religiös mündig |
| jüdische Mädchen | jüdische Jungen |
| | aus der Thora lesen |

### Benenne die Gegenstände — Seite 15

1. Davidstern; 2. Synagoge; 3. Mesusa; 4. Thora; 5. Chuppa; 6. Chanukkaleuchter; 7. Menora; 8. Kippa

### Das Dreidelspiel — Seite 16

1. Die hebräischen Buchstaben auf dem Dreidel stehen für den Satz „Nes gadol haja scham.“ Das bedeutet: „Ein großes Wunder ist dort geschehen.“ (In Israel steht statt Shin der Buchstabe „פ“ (Pe) auf dem Dreidel. Dann bedeuten alle Buchstaben zusammen: „Nes gadol haja po.“, auf Deutsch „Ein großes Wunder ist hier geschehen.“)

2. Die Worte auf dem Dreidel beziehen sich auf das Lichtwunder, das an Chanukka gefeiert wird.

## 2. Das Christentum

### In einer Kirche — Seite 26

1. Das **Kreuz** ist das wichtigste Symbol des Christentums. Es soll an die Kreuzigung von Jesus erinnern. Der waagerechte Balken des Kreuzes steht für die Verbundenheit zwischen den Menschen, und der senkrechte Balken symbolisiert ihre Verbundenheit mit Gott. Kreuze gibt es in allen Kirchen, aber auch in vielen christlichen Wohnungen und öffentlichen Gebäuden.

2. Mit dem Läuten der **Kirchenglocken** werden die Christen zum Gottesdienst gerufen.

3. Das **Taufbecken** steht neben dem Altar. Bei der Taufe gießt der Pfarrer bzw. Priester dem Täufling daraus geweihtes Wasser auf den Kopf und spricht dabei die Taufformel.

4. **Kirchenorgeln** sind das Hauptinstrument des christlichen Gottesdienstes und meist sehr groß und klangvoll. Sie werden von den Kantoren gespielt, die auch den Kirchenchor leiten.

5. Der **Altar** in der Mitte einer Kirche soll daran erinnern, dass Jesus vor seiner Kreuzigung mit seinen Jüngern sein letztes Abendmahl gegessen hat.

## Christliche Feiertage Seite 27

1. Karfreitag: Gedenken an Jesu Kreuzigung (Freitag vor Ostern); Christi Himmelfahrt: Rückkehr Jesu in den Himmel (vierzig Tage nach Ostern); Ostern: Auferstehung Jesu (erster Sonntag nach dem ersten Frühlingsvollmond); Martinsfest: Gedenken an den Heiligen Martin von Tours (11. November); Weihnachten: Jesu Geburt (24./25. Dezember)

2. Advent, Allerseelen, Allerheiligen, Christi Himmelfahrt, Dreikönigsfest, Erntedankfest, Epiphanias, Heilige Drei Könige, Mariä Lichtmess, Johanni, Peter und Paul, Maria Himmelfahrt, Michaelis, Reformationstag, Fest der Heiligen Barbara, Nikolaus, Mariä Empfängnis, Fest der Heiligen Lucia, Kirchweihfest, Fasching, Karneval, Fastnacht, Rosenmontag, Rosensonntag, Fronleichnam, Karwoche, Ostern, Pfingsten, Sternsingen, Heiligabend, Silvester

## Was gehört zum Christentum? Seite 28

| Gegenstand/Brauch/Symbol | christlichen Ursprungs | nicht christlichen Ursprungs |
|---|---|---|
| Kruzifix | x | |
| Rosenkranz | x | |
| Taufbecken | x | |
| Weihnachtsmann | | x |
| Weihnachten | x | |
| Osterhase | | x |
| Martinsfest | x | |
| Bar Mitzwa | | x |
| Ostereier | | x |
| Kirche | x | |
| Konfirmation | x | |
| Neues Testament | x | |
| Altes Testament | x | |
| Koranschule | | x |
| Dreifaltigkeit | x | |
| Yin-Yang-Symbol | | x |
| Pilgerreise nach Mekka | | x |

# 5. Der Islam

**Gegenstände des muslimischen Glaubens** **Seite 34**

1. Wenn Muslime zu Hause beten, nutzen sie dafür einen **Gebetsteppich**.
2. Die **Kaaba** steht in Mekka und ist das Ziel der Pilgerreise. Dieses würfelförmige Gebäude ist das wichtigste Heiligtum des Islam.
3. Das Gebetshaus des Islam ist die **Moschee** – das bedeutet Ort der Niederwerfung.
4. Die **Misbaha** besteht meist aus 99 Perlen, von denen jede für einen der Namen Allahs steht. Sie unterstützt den Betenden beim Zählen von Gebetsformeln.

**Der Koran** **Seite 35**

Islam – 114 – Suren – „Die Kuh" – „Im Namen Allahs, des Gnädigen, des Barmherzigen" – Gabriel – Mohammed – Allah – Scharia – fünf Säulen des Islam

**Die fünf Säulen des Islam** **Seite 36**

Die erste Säule **Schahada** (Glaube) ist das Glaubensbekenntnis, nach dem es keinen Gott außer Allah gibt. Die zweite Säule **Salat** ist das Gebet – es heißt „Al-Salât", und wird fünf Mal am Tag vollzogen. Die dritte Säule **Zakat** (Almosen) verpflichtet Muslime, armen Gläubigen mit Spenden zu helfen. Die vierte Säule **Sawn** (Fasten) verpflichtet zum Fasten im Monat Ramadan. Die fünfte Pflicht **Hadsch** ist die Pilgerfahrt nach Mekka, die jeder Gläubige mindestens einmal im Leben unternehmen sollte.

# 6. Der Buddhismus

**Der Achtfache Pfad: Seite 44**

2. Der Achtfache Pfad ist die Grundlage für das Symbol des Buddhismus, denn er gibt die Anleitung zum Erreichen des Nirwana. Jeder Buddhist versucht, alle acht Komponenten zugleich zu beachten.

1. **Der Achtfache Pfad**

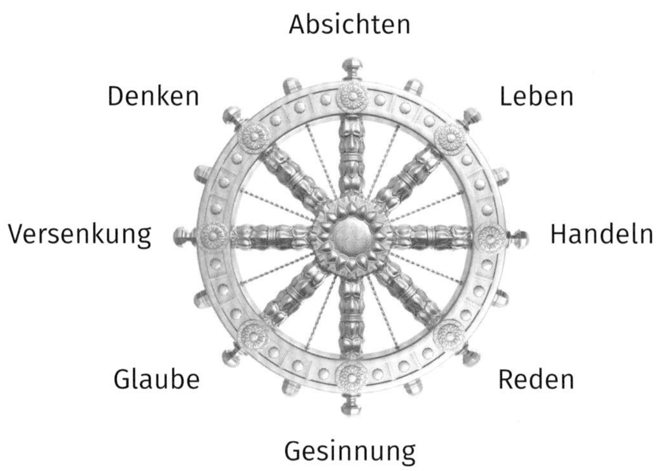


**Meditation** **Seite 45**

2. Buddhisten meditieren, um sich zu sammeln und um Erleuchtung zu erlangen. Sie streben dadurch eine innere Einheit mit dem Göttlichen an.

**Mandala** **Seite 47**

2. Das Verwischen der aufwendig hergestellten Sandmandalas symbolisiert die Vergänglichkeit des Lebens und steht für die Entsagung von der materiellen Welt.

# 7. Der Hinduismus

## Hinduistische Gottheiten — Seite 53

1. Im Hinduismus gibt es nicht nur einen Gott, sondern über drei Millionen Göttinnen und Götter. Jeder Hindu kann sich selbst einen oder mehrere davon aussuchen. Die drei Bilder zeigen die Gottheiten Shakti, Vishnu und Shiva. Die meisten Hindus verehren eine dieser drei Gottheiten als Hauptgott. Darum heißen die drei Hauptrichtungen des Hinduismus auch Shaktismus, Vishnuismus und Shivaismus.

2. Im Hinduismus glaubt man an viele Götter (Polytheismus). Es gibt es über drei Millionen Götter, die angebetet werden können. Im Buddhismus gibt es gar keinen Gott, sondern die Buddhisten folgen den Lehren von Siddhartha Gautama.

## Karma und Kühe — Seite 54

1. Im Hinduismus (und auch im Buddhismus) glaubt man an den Kreislauf von Leben, Tod und Wiedergeburt. Diesem Kreislauf kann man entfliehen, wenn man genügend gutes Karma gesammelt hat. Das Karma sammelt man im Laufe seines Lebens durch gute oder auch schlechte Taten an. Es bestimmt, als was man wiedergeboren wird.

2. Hindus behandeln alle Lebewesen so, wie sie auch selbst behandelt werden möchten. Das Essen von Tieren wird als eine schlechte Tat gesehen, darum bekommt man dadurch schlechtes Karma.

## Was gehört dazu? — Seite 55

| | **gehört zum Hinduismus** | **gehört nicht zum Hinduismus** |
|---|---|---|
| Kruzifix | | x |
| Shiva | x | |
| Vishnu | x | |
| Jesus | | x |
| Shakti | x | |
| Koran | | x |
| Bat Mitzwa | | x |
| Holi | x | |
| Tempel | x | |
| Dharma | x | |
| Karma | x | |
| Abraham | | x |
| Om | x | |
| Rigveda | x | |
| Moksha | | x |
| Menora | | x |
| Dreifaltigkeit | | x |

# 8. Die fünf Weltreligionen

## Das Weltreligionen-Kreuzworträtsel **Seite 62**

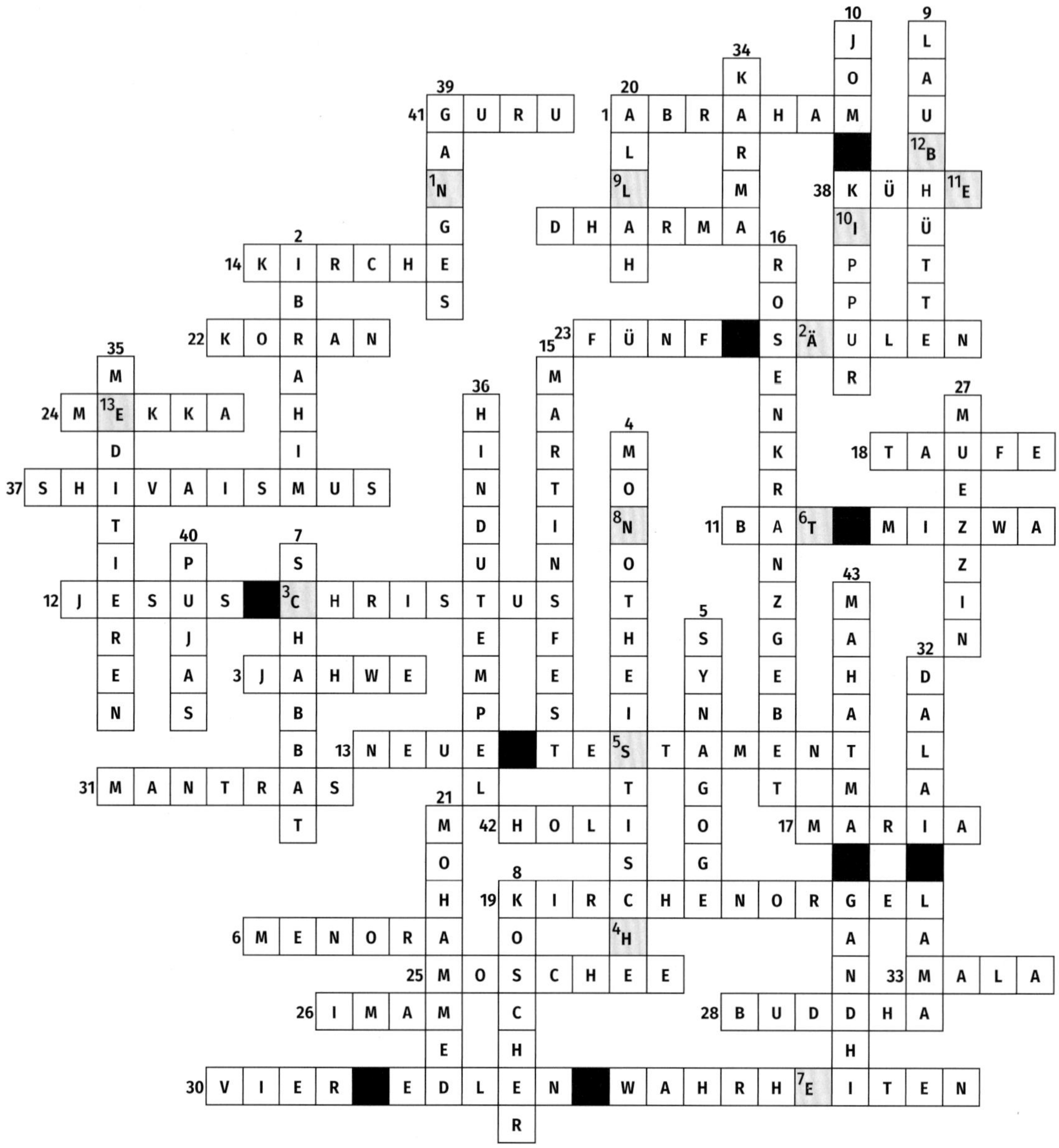


In allen Religionen ist dies besonders wichtig:

**NÄCHSTENLIEBE**

**Das Weltreligionen-Spiel** **Seite 64**

Eine farbige Version des Spielplans im DIN-A3-Format können Sie als PDF kostenlos unter www.aol-verlag.de/10323 herunterladen.

1. Circa 15 Millionen.
2. Der Davidstern ist das Symbol des jüdischen Volkes und des Judentums.
3. Synagoge
4. Thora
5. Menora
6. Circa 2,1 Milliarden.
7. Das wichtigste Symbol des Christentums ist das Kreuz. Es soll vor allem an die Kreuzigung von Jesus erinnern.
8. Kirche
9. Bibel
10. Rosenkranz
11. Circa 1,6 Milliarden.
12. Die Hilal mit Stern ist das Symbol des Islam, denn das islamische Jahr richtet sich nach dem Mondkalender.
13. Moschee
14. Koran
15. Kaaba
16. Circa 400 Millionen.
17. Das bekannteste Symbol des Buddhismus ist das Dharma-Rad. Seine acht Speichen erinnern an den Achtfachen Pfad.
18. Buddhistischer Tempel
19. Im Buddhismus ist das Buddhawort heilig. Buddhas Lehren wurden in 108 Bänden gesammelt. Die älteste Schrift über Buddha heißt Tripitaka.
20. Lotusblume
21. Circa 1,1 Milliarden.
22. Die heilige Silbe Om ist ein Symbol des Hinduismus. Sie steht für den Urklang, aus dem das ganze Universum entstanden sein soll.
23. Hindutempel
24. Im Hinduismus gibt es viele verschiedene Schriften, nach denen sich die verschiedenen Hindu-Gruppen richten. Die ältesten und wichtigsten Schriften sind die Veden.
25. Diya
26. Judentum, Christentum und Islam.
27. Sie meditieren.
28. Das Gebot der Nächstenliebe.

**Cover:** Kugel: © VRD – Fotolia.com; Religionssymbole: © reeel – Fotolia.com; **S. 4:** © Scott Maxwell – Fotolia.com; **S. 8:** © Renáta Sedmáková – Fotolia.com; **S. 10:** Thora: © Cla78 – Fotolia.com; Synagoge: http://www.kompetent-mit-medien.de/Material.jpg, gemeinfrei; **S. 11:** Kippa und Menora: Wikimedia Commons (YarmulkeAndMenorah.jpg), gemeinfrei; Davidstern: © konstan – Fotolia.com; Mesusa: © Greg – Fotolia.com; Sabbattisch: © Rafael Ben-Ari – Fotolia.com; **S. 12:** Schofar-Bläser: © uzi hen – Fotolia.com; Ratsche: Yoninah, Wikimedia Commons (1280px-Purim_gragger.jpg), gemeinfrei; Matzen: © TwilightArtPictures – Fotolia.com; **S. 13:** Chanukkatisch: © Hemeroskopion – Fotolia.com; Bat Mitzwa: © Graham Photography – Fotolia.com; Chuppa: © Ekaterina Lin – Fotolia.com; **S. 14:** Mädchen mit Tora: © Graham Photography – Fotolia.com; Bat Mitzwa: Ajnem / Wikimedia Commons (CC-BY-SA 3.0, unverändert); Bar Mitzwa: Peter van der Sluijs / Wikimedia Commons (CC-BY-SA 3.0; Jewish_boy_reads_Bar_Mitzvah.JPG, unverändert); **S. 15:** Davidstern: http://www.lerncafe.de/files/ david.jpg, gemeinfrei; Synagoge: BucarestSinagoga.jpg, gemeinfrei; Mesusa: © Greg – Fotolia.com; Thora: © Aleksandar Todorovic – Fotolia.com; Chuppa: © Ekaterina Lin - Fotolia.com; Chanukkaleuchter: 39james / Wikimedia Commons (CC BY-SA 4.0; Hanuka-Menorah-by-Gil-Dekel-2014.jpg?uselang=de, unverändert); Menora: Wikimedia Commons (YarmulkeAndMenorah.jpg), gemeinfrei (Ausschnitt); Kippa: David Berkowitz, Wikimedia Commons (CC BY-SA 2.0; lincenses/by-sa/2.0), gemeinfrei; **S. 16:** Chanukkatisch mit Dreidel: © tomer turjeman – Fotolia.com; Dreidel: Roland Scheicher, Wikimedia Commons (Dreidel_001.jpg); **S. 19:** Bergpredigt: Lecen / Bloch-SermonOnTheMount.jpg, gemeinfrei; Kreuzigung Jesu: Wikimedia Commons (Christ_at_the_Cross_-_Cristo_en_la_Cruz.jpg), gemeinfrei; Jesu Auferstehung: Reaver-Flash / TheResurrectionOfChrist.jpg, gemeinfrei; **S. 20:** Nikolaus von Myra: Ghirlandajo, Wikimedia Commons (Nikola_from_1294.jpg), gemeinfrei; Kirche: Wikimedia Commons (%C3%89glise_Saint-Victor-d%27%C3%89pine.jpg), gemeinfrei; **S. 21:** Kirchenorgel: Wikimedia Commons (Detmold_-_Martin-Luther-Kirche_-_Orgel.jpg), gemeinfrei; betendes Mädchen: © Cyril Comtat – Fotolia.com; Hände mit Herz: © Alexander Raths – Fotolia.com; Kreuz in Kirche: Wikimedia Commons (Kellokosken_kirkko_alttaritaulu.jpg), gemeinfrei; **S. 22:** Rosenkranz: © geografika – Fotolia.com; Madonna: Artwork, Wikimedia Commons (RAFAEL_-_Madonna_Sixtina_ %28Gem%C3%A4ldegalerie_Alter_Meister,_Dresde,_1513-14._%C3%93leo_sobre_lienzo,_265_x_196_cm%29.jpg), gemeinfrei; Weihnachtskrippe: © Fotolyse – Fotolia.com; Adventskranz: © cyctronic – Fotolia.com; **S. 23:** Sternsinger: AndreasPraefcke, Wikimedia Commons (Sternsinger.jpg), gemeinfrei; Erntedank-Altar: © Patrick Poendl – Fotolia.com; Martinszug: ZebraDS, Wikimedia Commons (St._Martin_in_Duisburg-M%C3%BCndelheim.JPG), gemeinfrei; Taufe: Melchior2006, Wikimedia Commons (Baptism.JPG), gemeinfrei; **S. 24:** Mädchen bei Firmung: © Dusan Kostic – Fotolia.com; dunkelhäutiges Mädchen in Kirche: © bst2012 – Fotolia.com; kirchliche Trauung: © Кирилл Рыжов – Fotolia.com; **S. 26:** Kreuz: © alswart – Fotolia.com; Kirchenglocken: Kober, Wikimedia Commons (Church_bells._Narikala,_Tbilisi.JPG), gemeinfrei; Taufbecken: Taks, Wikimedia Commons (Taufbecken_in-St.-Johannis-Kirche_%28Wolfenb%C3%BCttel%29.JPG), gemeinfrei; Kirchenorgel: Jon Sullivan (http://www.public-domain-image.com/home-public.html), gemeinfrei; Altar: © Jeanette Dietl – Fotolia.com; **S. 29:** Mohammed-Offenbarung: Wikimedia Commons (Mohammed_receiving_revelation_from_the_angel_Gabriel.jpg), gemeinfrei; Koran: © Foto Lounge – Fotolia.com; **S. 30:** Moschee von außen: © Dersaadet / Wikimedia Commons (CC BY-SA 3.0; Sultan_Ahmed_Mosque_Istanbul_Turkey_retouched.jpg, unverändert); Moschee von innen: CCO Public Domain (http://pixabay.com/de/moschee-gebetsraum-betsaal-mann-64985/), gemeinfrei; Muezzin von Minarett: Gemälde von Jean-Leon Gerome, Wikimedia Commons (jean-leon-gerome/ a-muezzin-calling-from-the-top-of-a-minaret-the-faithful-to-prayer#supersized-artist-Paintings-279295), gemeinfrei (gespiegelt); Imam: © KorayErsin – Fotolia.com; **S. 31:** betendes Mädchen: © kagemusha – Fotolia.com; Kaaba: © Jasmin Merdan – Fotolia.com; S. 32: Hilal: AnonMoos, Wikimedia Commons (Hilal_%28Mondsichel %29#mediaviewer/File:Star_and_Crescent.svg), gemeinfrei; Hand mit Misbaha: © Egyptian Studio – Fotolia.com; Kalligrafie: Fæ, Wikimedia Commons (Qur%27anic_Verses_WDL6805.png), gemeinfrei; Gebetsteppich (auch S. 35): LooiNL, Wikimedia Commons (Prayermat.jpg), gemeinfrei; Mädchen mit Ramadanlaternen: © midosemsem – Fotolia.com; **S. 33:** Vater mit Baby: © Anna Omelchenko – Fotolia.com; verzierte Hände: © rcocchieri – Fotolia.com; **S. 34:** Kaaba: © Jasmin Merdan – Fotolia.com; Moschee: © Picasa / Wikimedia Commons (CC-BY_Sa-3.0; Moschee-hurghada.jpg, unverändert); Misbaha: © SunnySideUp – Fotolia.com; **S. 35:** Koran: © Leo Lintang – Fotolia.com; S. 37: Allah-Kalligraphie: Wikimedia Commons (CC BY-SA 3.0; http://commons.wikimedia.org/wiki/File%3ADcp7323-Edirne-Eski_Camii_Allah-20101610.svg, unverändert); **S. 38:** Siddharta verlässt Palast: Kjetil r, Wikimedia Commons (Four_Heavenly_Messengers.jpg), gemeinfrei; Siddharta in Askese: Sacca, Wikimedia Commons (Ascetic_Bodhisatta_Gotama_with_the_Group_of_Five.jpg), gemeinfrei; **S. 39:** buddhistischer Tempel von innen: © Phoenixpix – Fotolia.com; buddhistischer Tempel von außen: Fg2, Wikimedia Commons (NaraTodaiji0195.jpg), gemeinfrei; Dalai Lama: http://www.scinexx.de/redaktion/wissen_aktuell/bild7/dalai-effektg.jpg, unverändert, gemeinfrei; **S. 40:** Pali-Kanon: © JhJ / Wikimedia Commons (CC BY-SA 2.5; Tipitaka1.jpg/250px-Tipitaka1.jpg, unverändert); meditierendes Mädchen: © Baronb – Fotolia.com; Dharma-Rad: © Esteban.barahona / Wikimedia Commons (CC BY-SA 3.0; Dharma_Wheel.svg; unverändert); **S. 41:** Dharma-Rad: © GeorgSV – Fotolia.com; Budai: © Hamik – Fotolia.com; Buddha: Lukas, Open Clipart (https://openclipart.org/detail/170489/buddha-shakyamuni-by-lukas3-170489), gemeinfrei, gespiegelt; Gebetskette: © Alis Photo – Fotolia.com; Gebetsmühle: © f9photos – Fotolia.com; Stupa Wat Chang Lom: Oatz, Wikimedia Commons (Wat_Chang_Lom_Si_Satchanalai.jpg), gemeinfrei; Pagode des Tempels Hōryūji: © 663highland / Wikimedia Commons (CC BY 2.5; Horyu-ji06s3200.jpg, unverändert); **S. 42:** Lotosblume: lily – Fotolia.com; Mandala gestaltender Mönch: © GgvlaD / Wikimedia Commons (CCO 1.0; Mandala_zel-tary.jpg, unverändert); Gebetsfahnen: © byheaven – Fotolia.com; Vesakh-Fest: http://www.trinosophie.info/wp-content/uploads/2012/08/xl_westpark_Vesakh1.jpg, gemeinfrei; **S. 43:** Peharera-Tänzer: Bodhitha, Wikimedia Commons (Kandy_dancers.jpg), gemeinfrei; buddhistische Mönche: © ub-foto – Fotolia.com; **S. 44:** Dharma-Rad: © Esteban.barahona / Wikimedia Commons (CC BY-SA 3.0; Dharma_Wheel.svg, unverändert); **S. 45:** meditierende Jugendliche: © xalanx – Fotolia.com; **S. 47:** Mandala: lakeside, openclipart (https://openclipart.org/people/lakeside/lakeside-Geomertical-Pattern.svg), gemeinfrei; **S. 48/53:** Shakti: Wikimedia Commons (Lalita_sm.JPG), gemeinfrei; Vishnu: Wikimedia Commons (Vishnu_Shiva.jpg), gemeinfrei (Ausschnitt); Shiva: Wikimedia Commons (Bearded_Shiva.jpg), gemeinfrei; Ganesha-Statue: © Brad Pict – Fotolia.com; **S. 49:** Jagannath-Tempel: © Sandyiit / Wikimedia Commons (13930598416207.jpg, unverändert); Hindutempel von innen: Wiki-uk, Wikimedia Commons (Murugan-Temple-Roermond-1.JPG), gemeinfrei; **S. 50:** indischer Hausaltar: © Jorge Royan / Wikimedia Commons (CC BY-SA 3.0; „http://upload.wikimedia.org/wikipedia/commons/3/34/India_-_Family_altar_-_7090.jpg" India_-_Family_altar_-_7090.jpg, unverändert); Diya: https://www.flickr.com/photos/dinotude/15589267516/ (cc Attribution 2.0), gemeinfrei; Ghandi: Yann, Wikimedia Commons (Portrait_Gandhi.jpg), gemeinfrei; **S. 51:** Kuh: Wikimedia Commons (Surabhi_Cow_Vrindavan.jpg), gemeinfrei; Menschen am Ganges: © galyna Andrushko – Fotolia.com; Kinder beim Holifest: http://www.wissen.de/der-april-macht-was-er-will-und-am-1-april-alle-anderen-auch; gemeinfrei; Straße für Diwali geschmückt: © shankar s. / Wikimedia Commons (CC BY 2.0; 1024px-Singapore_Divali_Diwali_decorations_Little_India-_Serangoon_Road_2009.jpg, unverändert); **S. 54:** Kuh: © mathess – Fotolia.com; **S. 62:** Weltreligionen-Symbol: reeel – Fotolia.com; **S. 64/65:** Kolossos, Ebstorfer Weltkarte, Wikimedia Commons (File%3AEbstorfer-stich2.jpg), gemeinfrei; Rosenkranz: Wikimedia Commons (CC BY 2.5; File:Rosary.svg#mediaviewer; unverändert); **Creative Commons – Lizenzvereinbarungen:** CC-BY-SA – Creative Commons Attribution-ShareAlike | http://creativecommons.org/licenses/by/2.0/deed.de | http://creativecommons.org/licenses/by-sa/3.0/de/ | http://creativecommons.org/licenses/by-sa/4.0/